cookpad *Live* 公式レシピ

川西シェフ・助手水田

OPENING

cookpadLiveをご覧の皆さん、こんにちは和牛です！

和牛キッチンでは視聴者の皆様からリクエストを
いただいた料理を私、和牛の川西が作っていきます
美味しいレシピをいろいろ紹介していきますから
皆様もぜひおうちで作ってみてください

そして見届けてくれるのは元料理人のこの方
……
あなたですよ。いつもあなたやんか～

神戸で和食と洋食屋で働いてました
水田です
よろしくお願いします！

助手水田

川西シェフ

和牛キッチン! 川西シェフと助手水田a

〜いえーい

THANKS FOR YOUR COMMENT!

Live 👥 01.0K

はーさん
始まるよったら始まるよっ

ゆかりん
今から見始めます♥ どーして肌着?

りかさ99
間に合ったあー!!

ハムレット
間に合った〜!

chikako♪
待ってました♫

Saori
水田〜今、仕事終わったー、見てるーお疲れ様言って!

ミナコ800
うそ!間に合った!

ゆっこ
仕事の合間に見に来ました!

あき
きたー!

くまきち110
かわいい――

はーさん
うっわーかっこええ

ちー
メガネ西―――♥♥♥

豆大福
しぇふー

ゆっこ
和牛さん凄い! あっという間に1000人越えた!

よりみち
けんちゃんガンバレ

風藍
手持ち無沙汰西

よりみち
しんじ。フットワーク軽い!

みんにゅ
可愛い(≧▽≦)
可愛いの暴力♥

豆大福
味が気になる〜

あいみ
ファンには需要しかない

みい
腕毛タイムいつでも待ってます

仔牛のみさき
川西くんの血管タイム最高によき

kazuchin55
さすが和牛、まだ3分で5千人!笑

ちー
半袖西さん、
血管大サービスですね♪

ちー
助手のレベル高

あいみ
さすがプロちょっと斜め切り♥

ちー
汗ふいてあげてー

ちー
水田さんすねちゃうよー!

仔牛のみさき
川西くんが包丁握ってる姿好き

仔牛のみさき
味噌ちょっと指にとって舐めるの好きだったwww

亜美
レンジの使い方www

あっさ
もうええわ!

風藍
もうええわ西

👥 10.0K

はーさん
10000 !!!!!

あ〜ちゃん
きた!!10000人

kazuchin55
水田さん、本当に川西さんが大好きよね(≧▽≦)

はーさん
ニヤ田

wami
1万超え!

あ〜ちゃん
一万人超え! スゴッ!

kazuchin55
えげつないくらい早い
視聴数の上がり具合

あーや
今日も仲良し♥

なずな
いつも楽しくてなにより

仔牛のみさき
たまにコメント読む二人がなんか可愛い

仔牛のみさき
にぎ田とにぎ西

 20.0K

ちゃわん
あ、2万人!

ゆっこ
今日は参考になることばかり。

仔牛のみさき
今日はあーんみれるかなーー

ちー
仔牛が24300頭

ちー
仔牛が25000頭

りかさ99
ジタバタしてる水可愛い

nao
いちゃいちゃ〜

あみ
水田さんあちちちちーつめたたーしてほしい

みうみう
水田オカン違和感なし

あーや
コント始まってる笑

はなはなよこ310
こちらにも目線ください♥

はなはなよこ310
スクショの頻度増えるー!

りかさ99
パカパカくる!?!!!?

りかさ99
きた————♥♥♥

wami
もうすぐ3万!

あーや
なるほど!

あーや
カンタン♪

あみ
お料理おしえてほしいー!

しゅんな
もう美味しそう(≧▽≦)

りかさ99
ヤバ! 美味しそう!

assan.t
祭りーーーーーー笑笑

30.0K

ろみ
3万だよー

ちー
仔牛が三万頭

ゆき
3万突破もおめでとうございまーす!

はーさん
涙でてきた

ちー
うまダンス

なずな
川西さんとてもお上手でした!

風藍
一緒に料理してる気分も味わえる!!

kazuchin55
二人も尊いなぁ、綺麗な方を相手に渡すの

ねこなべ
もぐもぐターイム

ちー
お腹減ったよー

はなはなよこ310
ほんまに幸せな空間!!

ゆっこ
相方思い♥

かおりん
でたー! おいしんじ!!

りかさ99
水田プー♥♥♥

mm
一緒に食べたい

assan.t
わんぱく!!!!!!!!

みんにゅ
なんか平和!幸せ♥

りかさ99
抜群すきやなぁ2人

みんにゅ
永遠に見てられる

キンキラみかん
さすが 和牛 安定感♥

あかぺこ
絶対作るー(≧▽≦)!!

りかさ99
これはいい! すぐ作れる!

ゆっこ
今日は笑いっぱなし

ゆかりん
今日の配信はお二人の魅力が詰まっていてとても楽しかったです!

ゆうあつママ
応援してます♪

はるたんのすけ!
和牛さんみてると元気出ます!!!

いりこ
また神回になりました(≧▽≦)

『和牛キッチン』は、和牛の2人と一緒に料理が楽しめるクッキングLiveアプリ『cookpadLive』のLive配信番組。視聴者はLive配信中にコメント機能を使って、料理のわかりづらいポイントを質問したり、作って欲しい料理をリクエストしたり、こんな感じで愛のメッセージを送ることもできます。テレビや劇場では見られない、まるで一緒に暮らしているような2人のやりとりに仔牛たち(ファン)が超熱狂! 紹介したレシピは、どれも実践しやすいからぶっつけ本番でも失敗なし! 誰でも楽しくお料理できちゃいます。

CONTENTS

「この角度、すごく好き。腰当て水田さ
んも、集中モード川西さんもいい」

【SEASON】

1

RECIPE LIST

川西シェフ&助手水田の初クッキング！ **牛スタ丼**

- -

ラップで包む！ **失敗しないオムライス**

- -

ナツメグはマスト！ **チーズインハンバーグ**

- -

水田家の味を再現！ **ゴロゴロミートソース**

- -

レンチンカスタードで！ **フライパンクレープ**

- -

Wagyu kitchen
★★★

川西シェフ＆助手水田の初クッキング！

牛スタ丼

RECIPE❶	RECIPE❷	RECIPE❸
牛スタミナ丼	もみもみキャベツの即席漬け	中華風トマたまスープ

🍲 **RECIPE POINT**

✓ **RECIPE❶** 記念すべき初配信は、やっぱり牛肉！
たっぷりの牛肉にキムチをプラスしてスタミナ満点。
タレとキムチの辛みが絶妙です。

✓ **RECIPE❷** 材料を入れて揉むだけで、
とっても簡単！ 塩昆布で味付けいらず。

✓ **RECIPE❸** スタミナ丼の残った卵白でふわふわ中華風スープ！
市販のザーサイを使って簡単・時短に。
仕上げのごま油とザーサイの塩加減が絶妙です。

え、ついて
ないのぉ!?

火、
ついてないよ

牛スタミナ丼

材料（2人分）

牛バラ薄切り肉……300g
にんにく……2片
にら……5本程度
長ねぎ……1本
しめじ……1/2パック（50g）
サラダ油……大さじ1/2
キムチ……50g
卵黄……2個分
ごはん……2人分
【お好みで】いり白ごま……適量

A｜
しょうゆ……大さじ1と1/2
コチュジャン……大さじ1
砂糖……大さじ1
酒……大さじ1
だし汁……50ml
・水……50ml
・鶏ガラスープの素
……小さじ1/2

作り方

❶長ねぎ1/2本分は白髪ねぎに、残りは余った芯の部分と一緒に
薄切りにする。しめじは石づきを切り落とし、小房に分ける。
にらは3～4cmに切る。牛肉は食べやすい大きさに切る。
❷Aをボウルに入れ混ぜ合わせておく。
❸フライパンにサラダ油を入れ強火で加熱し、にんにくを入れる。
にんにくの香りが出てきたら、牛肉を入れ焼き色がつくように炒める。
❹牛肉に焼き色がついたら、薄切りにした長ねぎとしめじを入れ全体を混ぜ合わせる。
合わせたAを加え、少し水分が飛ぶ程度に煮たら、にらを入れ、軽く炒め火を止める。
❺器にごはんを盛り、炒めた❹とキムチをのせ、
卵黄と白髪ねぎ、いり白ごまをトッピングして完成！

Main

Side

包丁いらず！
もみもみキャベツの即席漬け

材料（2人分）

キャベツ……3～4枚
塩こんぶ……2つまみ～お好みで
ごま油……大さじ1

作り方

❶キャベツを手でちぎる。
すべての材料をジップ付きポリ袋に入れて、
揉んだら完成！

ザーサイが決め手！
中華風トマたまスープ

材料（2人分）

A｜
水……300ml
鶏がらスープの素……大さじ1/2
酒……大さじ1
片栗粉……小さじ1
塩……少々
こしょう……少々

ミニトマト……6個
ザーサイ……10g
にら……3本程度
卵白……2個分
ごま油……適量

作り方

❶ミニトマトは半分に、にらは食べやすい大きさに切る。
❷小鍋にAをすべて入れて火にかける。
❸スープにとろみがついたら、ミニトマト、ザーサイ、
にらを入れかき混ぜたら、卵白を入れさっと火にかける。
❹最後にごま油を入れたら完成！

Soup

Wagyu kitchen
★★★

ラップで包む！

失敗しないオムライス

RECIPE❹	RECIPE❺	RECIPE❻
オムライス	"ツナップ"えんどう	スープ・ジュリエンヌ

🍲 RECIPE POINT

✓ **RECIPE❹**ケチャップライスは炒めずに電子レンジで簡単に調理できます。
卵には水溶き片栗粉を入れて破れにくくするのがポイント。

✓ **RECIPE❺**スナップえんどうはお湯で茹でずに電子レンジで加熱！
大人も子供も大好きなツナ缶とコンソメで味付けます。

✓ **RECIPE❻**余った野菜を千切りにして作る、野菜の旨味が
つまったシンプルなおいしさのスープ。

パチパチパチ〜

オムライス

材料（2人分）

温かいごはん……	サラダ油……適量
2人分（400ｇ程度）	ケチャップ……適量
卵……4個	┌ たまねぎ……1/4個
塩……少々	│ 角切りベーコン
こしょう……少々	│ ……40ｇ
牛乳……大さじ2	A マッシュルームスライス（缶詰）
【水溶き片栗粉】	│ ……50ｇ
・水……小さじ4	│ ケチャップ……大さじ4
・片栗粉……小さじ2	└ ウスターソース……小さじ2

作り方

❶たまねぎを粗みじん切りにする。
【水溶き片栗粉】を合わせておく。
❷耐熱ボウルにＡを入れ落としラップをして電子レンジ600Wで
3分加熱する。加熱後、温かいごはんを加え混ぜ合わせる。
❸ボウルに1人分ずつ卵液を作る。卵2個、【水溶き片栗粉】の半量（大さじ1）、牛乳の半量（大さじ1）、
塩、こしょう、サラダ油を1～2滴入れ、菜箸で混ぜる。
❹フライパンにサラダ油を入れキッチンペーパーで広げて、強めの中火で温めたら、1人分の卵液を入れ菜箸で一気にかき混ぜる。
❺卵が固まりだしたら、中央に❷のケチャップライスの半量をのせ、お皿をフライパンにかぶせ、ひっくり返す。
❻❺をラップなどで包み形を整えたら、ケチャップをトッピングして完成！

Main

Side

茹でずにふっくら！ "ツナップ"えんどう

材料（2人分）

スナップえんどう……1パック（120ｇ）
┌ ツナ缶……1/2缶
│ 顆粒コンソメ……小さじ1/2
A オリーブオイル……大さじ1
│ 塩……少々
└ こしょう……少々

作り方

❶スナップえんどうは筋をとり耐熱容器に入れる。
濡らしたキッチンペーパーを上にかぶせ、
電子レンジ600Wで2分加熱する。
❷ツナ缶は油を切っておく。
❸ジップ付きポリ袋に❶とＡを入れ、振って混ぜたら完成！

余り野菜でもう1品！
スープ・ジュリエンヌ

材料（2人分）

キャベツ……2枚程度
にんじん……1/4本
たまねぎ……1/4個
角切りベーコン……40ｇ
オリーブオイル……小さじ1
塩……少々
こしょう……少々
ドライバジル……少々
A ┌ 水……500ml
　└ 固形コンソメ……1個

作り方

❶キャベツ、にんじん、
たまねぎを千切りにする。
❷小鍋にオリーブオイルとベーコンを入れ弱火で炒めたら、切った野菜とＡを入れ野菜に火が通るまで煮る。
❸野菜に火が通ったら塩、こしょうで味を調え、器に盛りドライバジルをふったら完成！

Soup

ナツメグはマスト！

チーズインハンバーグ

RECIPE ❼	RECIPE ❽
チーズインハンバーグ	コーンスープ

🍲 **RECIPE POINT**

✓ **RECIPE❼** ナツメグを使った基本のハンバーグの中に
チーズをイン。隠し味のコーヒーでソースの深みをアップ！

✓ **RECIPE❽** みんな大好きなコーンスープが
混ぜるだけで作れちゃう。
弱火でコーンクリームを炒めることで香りが引き立ちます。

めっちゃうまそう！
めっちゃうまそう！

これは
うまいやろー

チーズインハンバーグ

材料（2人分）

合いびき肉……240ｇ	【水溶き片栗粉】
たまねぎ……3/4個	水……小さじ2
しめじ……1/2パック（50ｇ）	片栗粉……小さじ2
スライスチーズ……2枚	【デミソース】
赤ワイン……50ml	水……100ml
バター（仕上げ用）……10ｇ	ケチャップ……大さじ2
サラダ油……大さじ1	ウスターソース……大さじ2

A
- 溶き卵……1/2個分
- パン粉……大さじ2
- 牛乳……大さじ1
- 片栗粉……大さじ1
- 塩……少々
- こしょう……少々
- ナツメグ……少々

- 砂糖……小さじ1
- インスタントコーヒー……小さじ1/2
- 顆粒コンソメ……小さじ1/2

【お好みで】
- パプリカ……適量
- 茹でたブロッコリー……適量
- ミニトマト……適量

Main

作り方

❶たまねぎは1/2個分をみじん切りに、残り1/4個分を薄切りにする。しめじは石づきを切り落とし、ほぐす。

❷ボウルに【デミソース】の材料を全て入れ混ぜておく。別のボウルに【水溶き片栗粉】の材料を合わせておく。

❸ボウルに❶のたまねぎのみじん切りと合いびき肉、Aを入れてよく捏ねる（Aの卵とパン粉、牛乳を先に合わせておくと混ざりやすい）。

❹捏ねて粘りが出てきたら2等分にして、生地の真ん中をくぼませて
スライスチーズを1枚ずつ折りたたんで入れ空気をぬくように俵形に整える。

❺フライパンにサラダ油をひいて中火で加熱して❹のハンバーグを入れ両面を焼く。

❻焼色がついたら赤ワインを入れ蓋をして弱火で3分程蒸し焼きにする。

❼蒸し焼きにしたら❶のたまねぎの薄切りとしめじ、合わせた【デミソース】を入れ蓋をして中火で5分程煮込む。

❽煮込んだら一度火を止め【水溶き片栗粉】を少しずつ加えながらとろみをつけ、蓋をして弱火でさらに3分程煮る。

❾ハンバーグから透明な肉汁が出てきたら仕上げ用のバターを入れ
ソースに馴染ませたらお皿に盛りつけ、お好みの野菜を添えて完成！

Soup

混ぜるだけコーンスープ

材料（2人分）

コーンクリーム缶……1缶（150ｇ）
牛乳……300ml
顆粒コンソメ……小さじ1
砂糖……ひとつまみ
塩……少々
刻みパセリ……適量

作り方

❶小鍋にコーンクリーム缶を入れ弱火で良い香りがするまで
炒めたら、牛乳を少しずつ加えて溶きのばす。

❷コンソメ、砂糖、塩を入れ5分程煮たら器に盛り、
パセリをちらして完成！

水田家の味を再現!

ゴロゴロミートソース

RECIPE❾	RECIPE❿
ゴロゴロミートソース	ビシソワーズ

🍲 **RECIPE POINT**

✓ **RECIPE❾肉と野菜のうまみたっぷり!**
助手水田、思い出のミートソース。
肉を炒める時にほぐしすぎないのがポイントです。

✓ **RECIPE❿じゃがいもをレンジで加熱して潰すだけ!**
ミキサーを使わずおいしい冷製スープができます。

すごい
ボリュームやな

ゴロゴロミートソース

材料（2人分）

合いびき肉……200g
スパゲッティ……2人分（160g）
にんじん……1/2本
たまねぎ……1/2個
セロリ……1茎
にんにく……2片
オリーブオイル……大さじ2
塩……小さじ1/3
赤ワイン……100ml
粉チーズ（パルメザン）……大さじ2
牛乳……大さじ2
塩……少々
こしょう……少々
冷たいバター（仕上げ用）……10g

A［片栗粉……大さじ1
　塩……少々
　こしょう……少々
　ナツメグ……少々

【トマトソース】
トマトピューレ
……1瓶（200g）
顆粒コンソメ……小さじ1
砂糖……小さじ1
ケチャップ……大さじ2
ウスターソース
……大さじ1
ローリエ……1枚

【トッピング】
粉チーズ……適量

Main

作り方

❶にんじんは皮ごとすりおろす。たまねぎ、セロリをみじん切りにする。全て耐熱ボウルに入れる。
❷❶に塩とオリーブオイルを入れ全体を軽く混ぜたらふんわりラップをして、電子レンジ600Wで5分加熱する。
❸ボウルに合いびき肉とAを入れてよく混ぜ合わせる。
❹フライパンに加熱した❷の野菜を入れ、中火で野菜がしんなりとするまで炒める。
❺フライパンの片側半分に野菜を寄せ、合わせた❸を入れ広げ、両面に焼き色をつける。
❻焼色がついたら肉を大きくほぐして赤ワインを入れる。
ひと煮立ちしたら全体を混ぜ合わせ【トマトソース】の材料を全て入れ、蓋をして10分程煮る。
❼鍋に水を2L（分量外）を入れ、沸騰させる。
塩小さじ4（分量外）とオリーブオイル小さじ4（分量外）を入れスパゲッティを表記通り茹でる。
❽❻を煮込んだらローリエを取り出し、粉チーズ、牛乳、仕上げのバターを入れ、塩、こしょうで味を調える。
❾茹でたスパゲッティの上に❽のミートソースを盛り、トッピングの粉チーズをかけ完成！

Soup

ミキサーいらずのビシソワーズ

材料（2人分）

じゃがいも……2個
たまねぎ……1/4個
セロリ……1/2茎
バター……20g
冷たい牛乳……200ml

A［水……200ml
　顆粒コンソメ……小さじ1
　ローリエ……1枚
　塩……小さじ1/3
　こしょう……少々

【トッピング】
コーヒーフレッシュ……2個
刻みパセリ……適量

作り方

❶じゃがいもは皮をむき、薄めの半月切りにして、水にさらしておく。たまねぎとセロリは細かいみじん切りにする。
❷じゃがいもの水気を切り、切ったたまねぎとセロリ、バターと一緒に耐熱皿に入れふんわりラップをして電子レンジ600Wで5分加熱する。
❸レンジ加熱したら、ラップを外しマッシャーやフォークなどでじゃがいもを潰す。
❹じゃがいもが潰れたらAと一緒に小鍋に入れ、やわらかくなるまで弱火で15分程煮る。
❺15分煮たら火を止めローリエを取り出し、ボウルに移し粗熱を取る（氷水を入れたボウルの上にボウルをのせると早く冷めます）。
❻粗熱がとれたら牛乳を入れよく混ぜたら器に入れて、トッピングのコーヒーフレッシュとパセリをのせたら完成！

レンチンカスタードで！

フライパンクレープ

RECIPE⓫	RECIP⓬
フライパンクレープ	コーヒーゼリーでもみもみフラッペ

🍲 **RECIPE POINT**

✓ **RECIPE⓫** フライパンで手軽にできるクレープ生地。
電子レンジで作るカスタードクリームも
一緒にマスターしましょう。

✓ **RECIPE⓬** ミキサーやブレンダーを使わずに、
ひんやりフローズンドリンクが作れます。

今日結構先生と
しゃべってるやん。
俺としゃべって

フライパンクレープ

材料（2人分）

【クレープ生地】
牛乳……120ml
溶かしバター……10ｇ
バター（焼く用）……適量
A 薄力粉……40ｇ
　 砂糖……20ｇ
　 溶き卵……1個分

【レンチンカスタード】
薄力粉……10ｇ
牛乳……100ml
卵黄……1個分
砂糖……25ｇ
バニラエッセンス……少々

生クリーム……100ml
砂糖……10ｇ

【トッピング】
バナナ……2本
コンポートしたオレンジ……1個
ホイップクリーム……適量
バニラアイス……適量
チョコレートシロップ……適量
チョコスプレー……適量
冷凍ベリーミックス……適量
冷凍マンゴー……適量

Main

作り方

❶ボウルに、Aを入れホイッパーでしっかり混ぜる。
❷混ざったら牛乳を少しずつ加え混ぜ、溶かしバターを加えて軽く混ぜたら冷蔵庫で30分ほど休ませる。
❸フライパンにバターを入れ中火で熱し、バターが溶けたら❷の生地をレードル1杯分フライパンに流し入れ、均一に広げて焼く。
❹ふちがチリチリとして色が変わってきたら、菜箸をまわしながらクレープ生地の下に滑らせ、生地を持ち上げて裏返しにする。
❺裏返したら10秒程度焼き、キッチンペーパーを敷いた皿に取り出す。同じ作業を4枚分繰り返す。
❻【レンチンカスタード】耐熱ボウルに卵黄と砂糖を入れよく混ぜる。
❼❻に薄力粉、牛乳を少しずつ加えてよく混ぜたら、電子レンジ600Wで1分加熱する。
❽レンジから一度取り出し、よく混ぜ合わせたらさらに電子レンジ600Wで1分30秒加熱する。
❾加熱後、バニラエッセンスを入れ混ぜ、粗熱を取る。粗熱が取れたら落としラップをし、冷蔵庫で冷やしておく。
❿別のボウルに生クリームと砂糖を入れ氷水でボウルを冷やしながらホイッパーで 少しがとろみがつくまで泡立てる。
⓫❿に冷やした❾を加え混ぜ合わせたらカスタードクリームの完成！
⓬【盛りつけ】焼いたクレープ生地にお好きなトッピングとクリームを入れて完成！

Drink

コーヒーゼリーでもみもみフラッペ

材料（1人分）

市販のコーヒーゼリー……1個
牛乳……大さじ2
【トッピング】
ホイップクリーム……お好みで
チョコレートシロップ……お好みで

作り方

❶ジップ付きポリ袋にコーヒーゼリーを入れ、
袋の上から揉んで形を崩す。
❷袋ごと冷凍庫に入れ、2時間以上冷やして凍らせる
（ひと晩寝かせてもOK）。
❸凍ったら袋の口を開けて、牛乳を入れ、袋の上から揉んで混ぜたら、グラスに注ぐ。
❹お好みでホイップクリームとチョコレートシロップをかければ完成！

じゅー

PLAY BACK >>> SEASON 1

🎥 EPISODE 1
記念すべき第1回
「お前のすべてをいただきます」
(2018.3.29)

配信が始まったのは、2018年3月29日。和牛というコンビ名にちなんで、"肉の日"に第1回目がスタート！　もちろんレシピは牛肉を使った牛スタミナ丼で、当時のエプロンは、漫才の時の衣装の色と同じ青一色でした。
料理人だった水田さんに比べ、ひとり暮らしで自炊歴は長いとはいえ、まだ料理をする手元がたどたどしい川西さん。牛スタミナ丼の上に飾る白髪ねぎを切るのもひと苦労でしたが、水田さんが実演しながらレクチャー。

川西「白髪ねぎ教えてくれる？　水田くん」
水田「わかった。真ん中の芯を取って……この真ん中は炒めもんに使ったら美味しいよ。残りを千切りにして」
川西「これがムズイゆーてん！」

2人の仲良しぶりは、1回目の放送から全開でした！　料理の出来映えを水田さんが褒めちぎり、さらにお互いに「ア〜ん」をし合うとファン大興奮、コメント欄がパニックに！

水田「最初のひと口めで、お前のすべてをいただく。いただきます。（ひと口食べて）うーまいっ！　口入ってすぐうまい！　この通りに作ったら絶対誰も失敗せん」
川西「うれしいな。（ひと口食べて）わ、すぐうまいじゃん！　スタミナの塊やな」

ファンからの「ア〜んして！」のコメントに応える2人

2人「ア〜ん」
水田「ア〜んの時、川西のベロの上にゴマついてるの見えてイヤやな（笑）」

🎥 EPISODE 2
和牛の漫才ネタ
「♪卵を2個パカパカ〜」が初登場！
(2018.4.16)

水田「はい、卵を2個パカパカしてください」
川西「先ゆーなよ！（卵2個を割りながら）
♪卵を2個パカパカ〜」
水田「でたー！」
川西「今日はまだ2個あるから、

水田バージョンも見られるね」
水田「♪卵を2個パカパカ〜」
川西「めちゃめちゃデカイ殻入っとるやないか（笑）！」

オムライスのポイントは、ラップを使って形を整えるところ。几帳面に整える川西さんに対し「整えすぎやん！」と突っ込む水田さん。その後、ケチャップでお互いにメッセージを書きあいっこすることに。水田さんが川西さんのオムライスに書いた"ハゲ"を見て、「ヘラよこせ、消したるわ！」と怒りつつ「でもかかってる量としてはちょうどや！」と、結局水田さんを褒める川西さん。ちなみに川西さんが水田さんのオムライスに書いた言葉は"漫才"。「お前が好きなもの書いたんや」（川西）

🎥 EPISODE 3
相方愛⁉
溶けたチーズが奇跡の形に……！
(2018.5.19)

和牛の漫才の中でも人気のネタ『手料理』を思い出さずにはいられないのが、このハンバーグを作る回。ネタでは彼女がハンバーグをこねる際にナツメグを入れませんが、もちろんこちらではちゃんと入れます。

川西「塩……こんなもん？」
水田「あんまりビビって入れなさすぎると味がしまらんから、もうちょいやな」
川西「次、こしょう」
水田「エアコンの風でほとんどこっち流れてるわ。ハクション、ほらな」
川西「それより、ちょっとヒゲ生えてきてるやん」
水田「やだー気づいたぁ？」

途中で『ローズとヒヤシンス』の漫才ネタも登場しつつ、ハンバーグを真顔でペチペチする水田さん。

川西「んふふふ（笑）。やっぱ面白いな、真顔でペチペチ」
いよいよフライパンでハンバーグを焼き始めますが、川西さんのハンバーグから中に入れたチーズが出てきてしまうハプニングが！　しかもそのチーズは徐々にハート型になっていき……。

水田「見て、チーズがハートみたくなってるで！」
川西「可愛い♡　水田くんのこと考えて愛情込めて作ったら、ハートになったわ」

🎬 EPISODE 4
大好きなクレープの思い出を
ほのぼの語り合う
(2018.6.7)

2人が大好きなスイーツであるクレープに挑戦。生地をかき混ぜながら、クレープにまつわる思い出を語る2人。

水田「好きなクレープ屋さんは?」
川西「どこのクレープ屋っていうのはないんやけど、家族でさ、週末に遊びに行った時にぽっと現れるやん、クレープ屋って。だから見つけたら絶対に買ってもらうのよ。それでどこの店も好き」
水田「全部美味しいな」
川西「そやろ?」
水田「難波のクレープ屋さんにまた行きたいな」
川西「一番好きゆうてたとこね」
水田「3階建てやったんかな。老舗やった」

焼きあがった生地に、好きなトッピングをはじめる2人。

川西「バナナ入って、うわ～どうしようアイスクリームもいってみようかな。普段はいかへんけど」
水田「アイスなんて最高やん」
川西「うわ～めちゃくちゃ迷うな」

出来上がった2人のクレープは、それぞれの個性が出た全然違うもので、川西さんがカスタード×生クリーム×チョコ×バナナと、ベリー×アイスなどの具だくさん2種。一方水田さんは、オレンジピールを主役にしたものと、生クリーム×チョコ×バナナと大人シンプルな2種でした。

🎬 EPISODE 5
川西シェフがついに昇進!
スペシャルサプライズが
(2018.6.11)

いよいよ、シーズン1の最終回。このころには、川西さんの料理の腕前が確実にアップしている様子。じつはこの回のレシピのスパゲッティミートソースは、水田さんの大好物で、とくにお母さんが作るミートソースは思い出の味なんだとか。

水田「僕ね、すべての料理のベストナインを決めてくれ言われたら、無条件でミートソースは入ってくるんです」
川西「なんでサッカーやってたのにベストイレブンやないん? やってもいない野球で例えるん(笑)」
水田「11は多いやん」

川西「なるほどな、11も言うんやーってなるもんな。だから(ミートソースは)エースで四番ってことやな。そんでお母さんのがうまかったんよね」
水田「そう、エースで四番。お母さんのがうまかったね」
川西「この前実家に帰るロケで俺も食ったけど、うまかったな」

試食の時は、野菜の美味しさに感動する2人。

水田「野菜の優しい甘み! 優しいけどパンチがないわけじゃないのよ」
川西「野菜の優しさずっとベースにおるな。あいつがおるから成り立ってるな」

最終回の試食が終わると、水田さんから川西さんへサプライズプレゼントが。

水田「川西くんにプレゼントがあります。見習いから一人前に成長したってことで、コック帽をプレゼントします!」
川西「むっちゃええやん! (さっそくかぶって…)あれ? 陳建一やん…(笑)」

そして番組の最後には2人から視聴者に、シーズン2に突入することと、シーズン2では視聴者のリクエストに応えてレシピを決めるというさらなるサプライズ発表がありました!

「かなーり前の和牛さん。これは可愛さ
狙ってる…?」

【 **SEASON** 】

2

RECIPE LIST

意外なアレが隠し味！ **本格豚キムチ**

炭酸水でお肉柔らか！ **甘辛プルコギ**

あの歌を歌いながら作る♪ **半熟卵のカツ丼**

トースターで作る！ **メロンパンアイス**

意外なアレが隠し味!

本格豚キムチ

RECIPE⑬	RECIPE⑭
本格豚キムチ	レンチンにら玉

🍲 **RECIPE POINT**

✓ **RECIPE⑬** 豚キムチの隠し味に使うのは
インスタントのしじみのみそ汁の味噌。
レンチンにら玉でしじみのみそ汁の具を使えば
1食使いきれます。

✓ **RECIPE⑭** フライパンだと火加減が難しいにら玉。
電子レンジでふわふわ食感に!
3度の"かき混ぜ"がポイントです。

いいや〜ん。
みんなおしゃれ

いいですね、
うれしいですね

本格豚キムチ

材料（2人分）

豚こま切れ肉……200g
キムチ……100g
もやし……1/2袋（100g）
にら……3/4束
ごま油……小さじ2
しょうが（チューブ）……小さじ1
酒……小さじ2
ごま油（仕上げ用）……小さじ1
しじみみそ汁の味噌（インスタントで味噌と具が分かれてるもの）
……1袋（大さじ1）

作り方

❶もやしはひげ根をとり、にらは4cm幅に切り、
茎と葉の部分に分ける。豚肉は食べやすい大きさにする。
❷フライパンにごま油をひき強火で加熱し、豚肉を入れ炒める。
❸豚肉に焼き色がついたら酒、しょうが、キムチを加え
全体を合わせたらもやしとにらの茎の部分を入れてさっと炒める。
❹野菜に少し火が通ったら、にらの葉としじみみそ汁の味噌を加
え、仕上げ用のごま油を回し入れたら完成！

Main

Side

余熱でふわふわ！ レンチンにら玉

材料（2人分）

卵……2個
にら……1/4束

A
水……大さじ2
酒……大さじ1/2
塩……小さじ1/4
こしょう……少々
しじみみそ汁の具……1袋

作り方

❶にらを4cm幅に切り耐熱ボウルに入れ、Aの調味料を加え
混ぜ合わせる。ボウルにふんわりラップをし、
電子レンジ600Wで40秒加熱する。
❷別のボウルに卵を割り入れて溶き、❶に加える。
軽くかき混ぜたら、再びふんわりラップをして
電子レンジ600Wで50秒加熱する。
❸レンジから取り出し軽くかき混ぜてから
再び600Wで40秒加熱する。
❹加熱後、かき混ぜたらぴったりと落としラップをして
4〜5分程度おく。
❺余熱で卵が固まったら器に盛りつけ完成！

Wagyu kitchen
★★★

炭酸水でお肉柔らか！

甘辛プルコギ

RECIPE⑮
甘辛プルコギ

RECIPE⑯
チョレギサラダ

🍲 RECIPE POINT

✓ **RECIPE⑮** シュワシュワ炭酸水でお肉を柔らかく！
お肉を漬けておけば炒めるだけのお手軽な韓国料理です。

✓ **RECIPE⑯** おうちにある"普通ののり"が韓国風味に！
出来たてのパリパリのりをトッピングしたチョレギサラダです。

なんかしてる……
ネコ科やな

甘辛プルコギ

材料（2人分）

牛切り落とし肉……180g
にんじん……1/3本
にら……1/2束
まいたけ……1/2パック(50g)
もやし……1/2袋(100g)
炭酸水……75ml
サラダ油……大さじ1
豆板醤……小さじ2
塩……少々
いり白ごま……大さじ1

A
味噌……大さじ1と1/2
しょうゆ……大さじ1/2
砂糖……小さじ1/2
酒……大さじ1
にんにく（チューブ）
……小さじ1/2

Main

作り方

❶もやしはひげ根を取り、よく洗い耐熱ボウルに入れる。ふんわりラップをして、電子レンジ600Wで約1分加熱する。
加熱したらザルにあけ、キッチンペーパーで水気を拭き取る。
❷にんじんは千切りに、にらは4cmの長さに切る。まいたけは食べやすい大きさにほぐす。
❸ボウルに牛肉と炭酸水を入れ、3分程度置く。
❹別のボウルにAの調味料を合わせ、水気を切った❸の牛肉を加え軽く混ぜ合わせる。
❺フライパンにまいたけを入れ中火で炒め、しんなりとしたら取り出す（きのこの水分を飛ばしておくと、仕上がりが水っぽくならない）。
❻まいたけを取り出したフライパンにサラダ油をひき、弱火で豆板醤を炒める。香りがたったら強め中火にして、にんじんを加え炒める。
❼にんじんに軽く火が通ったら、❹の牛肉をたれごと加える。ほぐすように炒めたら、にら、まいたけを戻し入れ、全体を合わせる。
❽牛肉に火が入ったら、もやしを加えさっと炒め、塩で味を調える。
❾仕上げにいり白ごまを加え全体を混ぜ合わせたら、皿に盛り完成！

Side

手作り韓国のりでチョレギサラダ

材料（2人分）

サニーレタス……4〜5枚
木綿豆腐……200g
いり白ごま……小さじ1
のり……1枚
ごま油……大さじ1
塩……適宜

A
ごま油……大さじ2
砂糖……小さじ1
酢……大さじ1
しょうゆ……大さじ1

作り方

❶サニーレタスはよく洗い、水気を拭き取り小さくちぎる。
❷豆腐はペーパータオルで水分を拭き取り、1.5cm角程度に切る。
❸まな板（または大きめのお皿）にラップをする。その上で、丸めたラップにごま油をつけ、のりにぬり、塩をふる。
❹フライパンに❸を入れ中火で加熱する。のりがパリっとしたら、取り出し冷ましておく。
※塩のついたフライパンは使用後、必ず洗ってください。
❺器にサニーレタスと豆腐を入れ、その上に❹ののりをちぎりながら盛り付ける。
❻フライパンにAの調味料を入れ、弱火で加熱する。砂糖が溶けたら❺のサラダにかけ、いり白ごまをふり完成！
※❹の工程と同じフライパンを使う場合は、必ず水分を拭き取ってから調味料を入れてください。

Wagyu kitchen
★★★

あの歌を歌いながら作る♪

半熟卵のカツ丼

RECIPE⑰	RECIPE⑱
半熟卵のカツ丼	鯛にゅうめん

🍲 RECIPE POINT

✓ **RECIPE⑰** ユーザーのリクエスト1位だったカツ丼に挑戦した2人。
あのカツ丼の歌が披露された神回に！
フライパンで揚げ焼きするお手軽レシピです。

✓ **RECIPE⑱** とろろ昆布で旨味たっぷりに。
レンチンだしは覚えておくといろんなお料理で応用できます。

半熟っ♪ ハンジュク♪
はんじゅくじゅくぅ〜

半熟卵のカツ丼

材料（2人分）

豚ロース肉（とんかつ用）
……2枚（1枚120g程度）
卵……2個
たまねぎ（大）……1/4個
青ねぎ……適宜
ごはん……2人分
サラダ油……小さじ1
サラダ油（揚げ油）……適量
【衣】
薄力粉……大さじ1
溶き卵……1個分
サラダ油……小さじ1
パン粉……25g

A ┌ かつお節パック……
　│ 1袋（約4.5g）
　│ 水……130ml
　└ 酒……大さじ1
B ┌ みりん……大さじ1
　└ しょうゆ……大さじ1

Main

作り方

❶耐熱ボウルに**A**をかつお節、水、酒の順番で入れる。
ラップをして電子レンジ600Wで約3分加熱する。
❷電子レンジから取り出したら、茶こし（またはザル）でこす。
※鯛にゅうめんの**A**と一緒に加熱する場合は、合わせた分量を耐熱ボウルに入れ、電子レンジ600Wで約5分加熱し、145mlだけ使用する。
❸たまねぎは縦半分に切り、薄切りにする。青ねぎは小口切りにする。
❹豚肉はラップで包み、めん棒などでたたく。脂身の部分は包丁で筋を切り、塩を少々（分量外）ふる。
❺パン粉は袋に入れめん棒などで細かくし、バットに移す。ボウルに衣用の溶き卵とサラダ油を混ぜる。
❻❹の豚肉に薄力粉を茶こしではたく。混ぜた❺の卵に豚肉をくぐらせ、パン粉をつける。
❼フライパンにサラダ油を深さ1〜2cmほど入れ、中温170〜180℃で両面揚げ焼きにする。全体に揚げ色がついたらバットに取り出す。
❽カツの余分な油がきれたら、食べやすい大きさに切る。
❾別のフライパンにサラダ油をひき、たまねぎを炒める。しんなりしてきたら、❷のだしと**B**の調味料を合わせ、煮立たせる。
❿煮立たせている間に卵をボウルに割り入れる。煮立ったら❽を入れ、味を染み込ませる。
⓫卵の2/3の量を流し入れ、弱火で蓋をする。半熟になったら残りの卵を流し入れ、好みの半熟加減になったら火を止める。
⓬器にごはんを盛り⓫をのせ、青ねぎをかけたら完成！

Side

レンチンだしで作る！ 鯛にゅうめん

材料（2人分）

そうめん……100g
鯛の切り身……1切れ
とろろ昆布……10g
サラダ油……大さじ1/2
薄力粉……大さじ1/2
しょうゆ……大さじ1/2
塩……小さじ1/4
青ねぎ……適宜

A ┌ かつお節パック
　│ ……4袋（1袋約4.5g）
　│ 水……520ml
　└ 酒……大さじ4
【お好みで】
レモン……適宜

作り方

❶耐熱ボウルに**A**をかつお節、水、酒の順番で入れる。ラップをして電子レンジ600Wで約3分加熱する。
❷電子レンジから取り出したら、茶こし（またはザル）でこす。
※カツ丼の**A**と一緒に加熱する場合は、合わせた分量を耐熱ボウルに入れ、電子レンジ600Wで約5分加熱し、560mlだけ使用する。
❸❷にしょうゆ、塩を加え味を調えたら、再度電子レンジ600Wで約2〜3分加熱し温める。
❹青ねぎは斜め切りにする。鯛はうろこを取り、半分に切る。皮側に切れ目を入れ、塩（分量外）をし、茶こしで薄力粉をふる。
❺フライパンにサラダ油をひき、鯛の皮面を下にして焼く。皮に焼き色がついたら裏返し、蓋をして弱火で約3〜5分蒸し焼きにする。
❻鍋に湯を沸かし、そうめんを表記通り茹で、しっかりと水気を切る。
❼器に茹でたそうめん、焼いた鯛、とろろ昆布、青ねぎを盛りつけ、❸のだしをかけ完成！
お好みでレモンをかけてお召し上がりください。

トースターで作る！

メロンパンアイス

RECIPE⑲	RECIPE⑳
メロンパンアイス	自家製ジンジャーエール

🍲 **RECIPE POINT**

✓ **RECIPE⑲**市販のロールパンをアレンジしてメロンパンに！
お家のトースターで焼きたてが食べられます。

✓ **RECIPE⑳**ひと工夫でジンジャーエールが
可愛いピンク色に大変身！
甘口・辛口も調節できる裏技もチェック。

コメント拾います、
ほっといてください

メロンパンアイス

材料 (4個分)

市販のロールパン……4個	**【トッピング】**
ホットケーキミックス……150g	お好みのアイス
牛乳……大さじ3	……適量
バター (無塩) 室温に戻す……30g	チョコレート
グラニュー糖……大さじ1	……適量
	バナナ……適量

Main

作り方

❶バターとグラニュー糖をボウルに入れ、ゴムベラで混ぜる。
❷ホットケーキミックスを加えてさらに混ぜ、全体にバターが混ざったら牛乳を加えて手でこねる。
❸生地がひとまとまりになったら四等分し丸め、ラップとラップの間に挟んで直径12cmほどの円形に伸ばす。
❹上のラップをはがし、下のラップごと生地を持ち上げてロールパンの上にひっくり返してのせる。
❺ラップをはがしてロールパンと生地が密着するよう手で押さえ、ロールパンの下から2cmくらいの所に包丁で横に切れ目を入れる。
❻生地の上の面に包丁で格子模様を付け、グラニュー糖 (分量外) を全体にふりかける。
❼アルミホイルを敷いた天板の上に❻を置き、オーブントースター (高温200℃) で約3分焼く。
❽うっすら焼き色が付いたらアルミホイルを被せ、中温180℃でさらに7分焼く。
❾焼けたらトースターから取り出し、❺で入れた切れ目の所に包丁を差し込んで上と下に分ける。
❿粗熱が取れたらアイスクリームとお好みのトッピングを挟み完成！
【ポイント】焼くとクッキー生地が膨らむので、メロンパンの格子模様はしっかりと深めにつけるようにしましょう。

Drink

自家製フレッシュジンジャーエール

材料 (2人分)

しょうが……150g	炭酸水……100ml
レモン……1/2個	氷……適宜
砂糖……大さじ4	**【お好みで】**
水……大さじ4	レモン……適宜
	ガムシロップ……適宜

作り方

❶しょうがを皮ごと薄切りにし、耐熱ボウルに入れる。
そこにレモンを搾り入れ、砂糖と水を加え軽く混ぜ合わせる。
❷落としラップをして電子レンジ600Wで約3分加熱する。
レンジから取り出したらスプーンの背などでしょうがを押し、
再度落としラップをして電子レンジ600Wで3分加熱する。
❸ザルでこし、スプーンの背でしょうがを押す。
コップに注ぐまで粗熱をとる。
❹コップに氷を入れ、❸を入れ、炭酸水で割る。
お好みでカットレモンとガムシロップを入れ完成！
【ポイント】辛口は❸のシロップと炭酸水を6：4、
甘口は5：5の割合で入れるのがオススメです。

PLAY BACK >>> SEASON 2

🎥 EPISODE 1
番組恒例のアレンジレシピの先駆け！しじみ汁の素を使った料理が登場
(2018.7.5)

この頃から『和牛キッチン』ならではのアレンジレシピが話題になりはじめます。その先駆けともいえるのが、インスタントのしじみのお味噌汁を活用した豚キムチとにら玉レシピ。味噌は豚キムチに、具はにら玉にと、余すことなく使うのがポイント！

川西「水田くん、ここで秘密食材や。こちらです！」
水田「ドーン！　しじみ汁の素でーす」
川西「(手元のタブレット端末で配信中の映像とコメントを見ながら)いま一緒に作ってくれてる方、(しじみ汁の素を)探して～！」
水田「いまちょっと待ちます！　台所のどっかにない？　しじみ汁。1人でもあるってコメントがあがったらはじめよう」

ちなみににら玉はお手軽なレンチン料理レシピで、ニッポンハムグループ公式YouTubeで話題となった"シャウ・レンチン編"にて水田さん扮するレンチン師範は、まだこの頃は登場しておらず。でも、にら玉の卵を割るときは、もちろん漫才ネタのこの曲！

川西「ダブルで行くか」
2人「♪卵を2個バカバカ～」
水田「♪ズズンズンズズン、一番大事なポイントはぁ～」
川西「続きはええわ！」

🎥 EPISODE 2
包丁を持つ手首が硬いという川西さん気がつけばぬるっと"血管タイム"に突入！
(2018.8.13)

日本全国どこでも気軽に手に入るロールパンを使って作るメロンパンアイスと、しょうがを刻んで作るジンジャーエールのスイーツ回。水田さんの絶妙な例え話が見どころでした。

水田「ロールパンは花山薫(漫画『グラップラー刃牙』に出てくる架空のキャラクター)のこぶしぐらいですかね」

川西「刃牙ええねん！」
水田「(メロンパンの)生地でロールパンを包んであげるように。好きな女性を抱きしめるようにね」
この日は特別、ロマンチックな水田さん。ジンジャーエールのしょうがを刻むときには、川西さんの手首が硬くて切りにくいという悩みが明かされますが、いつの間にか自然と血管タイムに突入。

川西「俺、手首硬いのよ。だから可動域の問題でこう切ると窮屈なん。でな、こう……これ、説明してるけど血管タイム入ってるからな」
水田「俺もそう思ってた！」

相変わらず息の合う2人ですが、今度はバナナを切りながら、川西さんがバナナをつまみ食い。それを見た水田さんが今度は、チョコレートをレンジで溶かすときに、チョコとバナナを一緒につまみ食いし「おいデブ！」と突っ込む、目ざとい川西さんでした。

🎥 EPISODE 3
"ピラ西"に"水田ん酸"……さらに水田さんの料理の豆知識が炸裂した盛りだくさんな回！
(2018.8.29)

野菜の皮をむくために、ピーラーを手にする川西さん。

川西「出た！　ピーラー！」
水田「"ピラ西"出た！」

続いて炭酸を手にした水田さん、"ピラ西"に負けじと……。

水田「炭酸持って、水田ん酸！」
川西「さあみんな、何点？」
水田「(手元のタブレット端末でリアルタイムに流れるコメントを見ながら)最初にコメントにあがった点数で……あっ、0点でした」

この回は裏技がたくさん登場。例えば、プルコギに使う牛肉に少し炭酸水を加えると牛肉の繊維がほどけやすくなってやわからく仕上がるとか、サニーレタスをちぎるときは指先で葉っぱをつまんで外すようにちぎるなど、元料理人の水田さんの豆知識が炸裂しました。そして、豆板醤を油で炒めるシーンでは、仲良し兄弟が登場。

「（油がはねて）お兄ちゃん怖いよぅ」と川西さんの背後に隠れる水田さん。そこで
「大丈夫、まかしとき、俺の後ろに隠れとけば何も怖いことあらへん」とやさしい川西さん。仲良し兄弟のスクショを保存するファンが多く、SNSで話題に！

そして見どころは何といっても、和牛にはめずらしい顔芸！
韓国のりを手作りするときに全形ののりで川西さんの顔を隠す水田さん。
のりを下げると、変顔で登場した川西さんを見て「ほぼ鬼瓦やん！」（水田）。さらに味見シーンでは、水田さんが川西さんに肉を「アーン」して食べさせる、仲良しぶりにファン萌え〜♡

🎥 EPISODE 4
待ってました、カツ丼！
もちろん漫才ネタの『カツ丼の歌』で作ります♪
(2018.9.12)

ファン待望の和牛の漫才ネタ "カツ丼の歌" が、安定の大爆笑をさらった半熟卵のカツ丼レシピが登場。じつは番組がはじまった当初から、"カツ丼の歌" ネタが見たいからカツ丼レシピをやって欲しい、というファンの声が殺到していました！

水田「♪豚肉のロースに〜小麦粉ぉ」
川西「とぅける」
水田「はい、こういうネタです！」

もちろんこれで終わるわけがなく、カツ丼の歌は料理の工程とともに続きます。

川西「これが細かくしたパン粉ですね」
水田「♪お次は卵とパン粉を」
川西「ふけふぅー！」
水田「♪卵の火の通し方は」
川西「半熟、半熟、半熟熟ぅ」
水田「♪揚げたてのカツはザクザクぅ〜」
川西「いや、お前も来るんかい」
水田「♪カツ丼を食べて」
川西「♪ヴィクトリー！」

カツ丼ネタがたっぷり見られたファンにとってはたまらない神回で、反響も上々でした！

「俺がシェフじゃダメか…？？ …シェフしてくれて、ありがとう」

【SEASON】

3

RECIPE LIST

まさかの"アレ"でコクをプラス!

ガーリックオムシチュー

RECIPE㉑

ガーリックオムシチュー

🍲 **RECIPE POINT**

✓ **RECIPE㉑**なんと、シチューのコク出しに使うのは
チーズとホワイトチョコレート!
ガーリックライスと合う味付けになっています。

✓ 野菜と薄力粉を先に炒めることで
ホワイトソースがダマになりにくくなります。

おじょーずぅ!

完成〜

ガーリックオムシチュー

材料（2人分）

【シチュー】
たまねぎ……1/2個
にんじん……1/2個
じゃがいも……1個
エリンギ……1/2パック（50g）
スライスベーコン（ハーフ）
……1パック（35g）
オリーブオイル……小さじ2
酒……大さじ1
薄力粉……大さじ2
水……180ml
牛乳……250ml
A ┌ ホワイトチョコレート……10g
　│ バター……20g
　│ スライスチーズ……1枚
　└ 塩……小さじ1/2

【ガーリックライス】
にんにく……3片
バター……15g
オリーブオイル
……小さじ2
ごはん……2人分（300g）
塩……小さじ1/2
こしょう……小さじ2/3〜1
【オムレツ】
卵……4個
牛乳……大さじ4
塩……ひとつまみ
バター……20g
オリーブオイル……小さじ2
【トッピング】
ドライパセリ……適宜
茹でたブロッコリー……適宜
フライドポテト……適宜

Main

作り方

❶たまねぎ、にんじん、エリンギは1cm角に切る。
じゃがいもは皮をむいてから1cm角に切り、水にさらしておく。ベーコンは1cm幅に切る。
❷ガーリックライスのにんにくは芽を取り、薄切りにする。
❸【シチュー】耐熱皿にたまねぎを入れ、オリーブオイルを入れ混ぜ合わせる。
ラップをし電子レンジ600Wで約1分加熱する。
❹鍋にオリーブオイルを小さじ1（分量外）を入れ、❸と酒を加え、アルコールをとばしながら中火で炒める。
❺にんじん、ベーコン、エリンギ、じゃがいもの順に入れ全体を合わせたら、一度火を止め、茶こしなどで薄力粉をふるい入れる。
❻弱火にし薄力粉を絡めるように木べらで炒めたら、水を加え、薄力粉を溶かすように馴染ませる。
❼ふつふつとしてきたら、牛乳を加え混ぜ合わせる。そこにAを加え、弱火で3分程度加熱し、とろみをつける。
❽【ガーリックライス】フライパンにオリーブオイルとバターを入れ弱火で溶かしたら、❷のにんにくを入れる。
❾にんにくの香りが出てきたら中火にし薄く色づくまで炒める。
ごはんを加え、塩、こしょうで味を調えたら、ボウルに取り出す。
❿【オムレツ】ボウルに卵を割り、菜箸で溶き、牛乳と塩を加える。
⓫小さめのフライパンにオリーブオイルとバターを入れ溶かし、❿の半量を流し入れる。
⓬菜箸で卵を混ぜふわふわの半熟にしたら❾の半量を手前にのせ、奥からご飯を包むように卵を巻く。
⓭フライパンにお皿をかぶせてひっくり返す。同様にもう1人分オムレツをつくる。
⓮【盛りつけ】オムライスの上に❼のシチューをかける。
仕上げにパセリをちらし、お好みでブロッコリーとフライドポテトを添えたら完成！

Wagyu kitchen
★★★

和・洋・中！ 3種のタルタルで味わう

チキン南蛮

RECIPE㉒	RECIPE㉓
チキン南蛮	まるごとかぶあんかけ

🍲 **RECIPE POINT**

✓ **RECIPE㉒** 和風はたくあん、
洋風はアボカド&ブロッコリー、
中華風はミニトマトとオイスター豆板醤。
3種類のタルタルをディップして楽しめるチキン南蛮です。

✓ **RECIPE㉓** かぶは切れ目を入れるのがポイント。
レンジなのにちゃんと柔らかい、
まるごと煮に仕上がります。

わーーぁ！
わー吸われる〜！！

チキン南蛮

材料（2人分）

鶏もも肉……1枚（300〜350g）
塩……少々
こしょう……少々
薄力粉……大さじ5
溶き卵……1個分
サラダ油……大さじ3

【南蛮だれ】
しょうがすりおろし……小さじ1
酒……大さじ1
穀物酢……大さじ1
しょうゆ……小さじ1
みりん……大さじ1

【和風タルタル】
ゆで卵……1個
たくあん……2枚（25g）
マヨネーズ……大さじ1と1/2
からし（チューブ）
……小さじ1/4
塩……少々

【洋風タルタル】
アボカド……1/2個
ブロッコリー……1房
マヨネーズ……大さじ2
レモン汁……小さじ1
塩……ひとつまみ
こしょう……適宜

【中華風タルタル】
ミニトマト……6個
マヨネーズ……大さじ1と1/2
豆板醤……小さじ1/4
オイスターソース
……小さじ1/2
すり白ごま……小さじ2
ラー油……適宜（3滴程度）

【お好みで】
フリルレタス……適宜
ミニトマト……適宜

Main

作り方

❶【和風タルタル】たくあんは粗みじんに、ゆで卵は殻をむき、みじん切りにしボウルに入れる。
そこにマヨネーズ、からし、塩を加え、混ぜ合わせる。
❷【洋風タルタル】鍋にお湯を沸かし、塩（分量外）を入れブロッコリーを茹で、みじん切りにする。アボカドは皮をむき1cm角に切る。
❸切ったブロッコリーとアボカド、マヨネーズ、レモン汁、塩、こしょうをボウルに入れ、
スプーンの背でアボカドをつぶすように混ぜ合わせる。
❹【中華風タルタル】ミニトマトを6等分に切りボウルに入れる。
そこにマヨネーズ、豆板醤、オイスターソース、すり白ごま、ラー油を加えミニトマトを潰さないようにさっくりと混ぜる。
❺鶏肉は余分な脂や筋を取り、小さめの一口大に切りボウルに入れる。塩、こしょうをして下味をつける。
【南蛮だれ】の調味料を合わせておく。
❻❺の鶏肉が入ったボウルに、溶き卵と薄力粉を加え混ぜ合わせる。
❼フライパンにサラダ油をひき、鶏肉を並べ中火で焼く。焼き色がついたら裏返し、余分な油をキッチンペーパーでふき取る。
❽蓋をして弱火で5分ほど蒸し焼きにする。蓋を外し再度余分な油をふき取り、中火でこんがりと焼く。
❾❽のフライパンに❺の【南蛮だれ】を流し入れ、中火で煮詰める。
❿たれが煮詰まったらお皿に盛りつけ、お好みでフリルレタスやミニトマトを添えたら完成！

レンジで煮込む！ まるごとかぶあんかけ

材料（2人分）

かぶ……小2個
かぶの葉……1個分程度
ゆずの皮……適宜

【水溶き片栗粉】
片栗粉……小さじ2
水……小さじ2

【あんかけ】
水……150ml
しょうゆ……小さじ1
みりん……小さじ1
昆布茶……小さじ1/2
塩……ひとつまみ

Side

作り方

❶ゆずの皮を薄くむき、千切りにして水にさらしておく。
かぶは茎を落とし、包丁やピーラーで皮を厚めにむく。
葉は付け根をよく洗い、4cm幅に切る（茎が太い場合は縦半分に切る）。【水溶き片栗粉】を合わせる。
❷かぶの上と下にそれぞれ十字に切り込みを入れる。
平らな方を下にして横に一周切り込みを入れる。
❸かぶを軽く濡らしてラップで包み、
耐熱皿にのせて電子レンジ600Wで3分加熱する。
❹耐熱ボウルに【あんかけ】の調味料を入れ混ぜ合せ、❸のかぶと❶の葉を入れる。かぶに調味料をスプーンでかけてから
落としラップをし電子レンジ600Wで3分加熱する（かぶの大きさによって加熱時間を調節してください）。
❺加熱したかぶと、葉を器に盛り付ける。調味料が残ったボウルが熱いうちに【水溶き片栗粉】を混ぜながら少しずつ加える。
❻【水溶き片栗粉】が全て入ったらラップをし、電子レンジ600Wで30秒加熱する。加熱後、かき混ぜ再度ラップをし30秒加熱する。
❼器に盛ったかぶに❻のあんをかけ、水気をふき取ったゆずの皮を上に飾ったら完成！

チーズなしでコク深！

ぶり照りぞっと

RECIPE㉔

ぶり照りぞっと

RECIPE㉕

和ポトフ

🍲 **RECIPE POINT**

✓ **RECIPE㉔** ぶりの照り焼きとリゾットがまさかの合体⁉
チーズの代わりにバターと味噌を使い、
和なコクを出すことで見事にマッチング。
ハイブリッドなリゾットです！

✓ **RECIPE㉕** ポトフを和風にアレンジ！
昆布だし、里芋などの和食材×ウインナーの
意外な組み合わせがクセになるスープです。

（顔に）化粧水と
乳液ぬってるだけでも
褒めてくれ

ぶり照りぞっと

材料（2人分）

【ぶりの照り焼き】	【リゾット】
ぶりの切り身……2切れ	米……100g
オリーブオイル……大さじ1/2	長ねぎ……15cm
（サラダ油でも可）	バター（無塩）炒め用……10g
A ┌ しょうゆ……大さじ2	バター（無塩）仕上げ用
┃ 酒……大さじ2	……5g
┃ みりん……大さじ2	味噌……大さじ1
┃ 砂糖……大さじ2	塩（リゾット用）……2つまみ
└ 水……大さじ1	水……400ml

Main

作り方

❶米を洗って水気を切っておく。長ねぎをみじん切りにする。Aを合わせる。

❷ぶりに塩を少々（分量外）ふる。5〜6分したら水気をキッチンペーパーでよく拭き取っておく。

❸【ぶりの照り焼き】フライパンにオリーブオイルをひき、中火で加熱する。ぶりの皮面から焼く。

❹焼き色が付いたらひっくり返す。裏面にも焼き色がついたらAを加える。

❺4分程煮込んだら、ぶりをひっくり返し、とろみがついたら火を止める。

❻【リゾット】小鍋に炒め用のバターを入れ、❶の長ねぎを弱めの中火で炒める。

❼長ねぎがしんなりしてきたら❶の米を入れ、透明になるまで炒めたら、塩と味噌を入れ炒める。

❽水を少し入れたら火力を最大にし、木べらでぐるぐると混ぜ続け、水気が飛んできたら水を少し加える。これを10回ほど繰り返す。

❾水を全て入れ終え、米の硬さがちょうどよければ火を止め、仕上げ用のバターを加えて混ぜ合わせる。

❿リゾットをお皿に盛りつけ、上に❺のぶりの照り焼きをのせたら完成！

Soup

昆布だし香る！和ポトフ

材料（2人分）

にんじん……1/2本
さといも……1個
しいたけ……3個
長ねぎ（白い部分）……1/2本
ウインナー……1パック
昆布……1切れ（4cm×5cmくらい）
水……800ml
かつお節……適量
A ┌ 顆粒コンソメ……大さじ1
　 └ 柚子こしょう……小さじ2

作り方

❶さといもの皮を剥き、5分ほど水につけ、乱切りにする。にんじんも乱切りにする。

❷しいたけは1/4に切る。長ねぎは斜めの薄切りに、ウインナーは斜めの2等分にする。

❸鍋に水と、にんじん、里芋、昆布を加えて火にかける。

❹沸いたら昆布を取り除き、しいたけ、長ねぎ、ウインナーを入れ蓋をして5〜6分煮込む。

❺Aを加えて1〜2分加熱し、器に盛りつけ、かつお節をのせたら完成！

フライパンで焼けちゃう!

クリスピーピザ

RECIPE㉖	RECIPE㉗
クリスピーピザ	ペペドレッシングサラダ

🍲 **RECIPE POINT**

✓ **RECIPE㉖** サクッと食感のクリスピーピザをおうちで手作り。
ピザソースは電子レンジで手軽に作れます。
2つのお味をご紹介!

✓ **RECIPE㉗** ピザのつけ合わせにぴったり!
鷹の爪でピリ辛に。春菊の苦みが気にならない
"ペペ"ドレッシングでいただく春菊のサラダです。

ごめんね、
腕モタイム
なくて

クリスピーピザ

材料（2枚分）

【ピザ生地】
薄力粉……160g
塩……少々
オリーブオイル……大さじ1
水……70ml

【和風マルゲリータ】
モッツァレラチーズ（ミニ）……5個
春菊……1〜2本
A
ケチャップ……大さじ4
しょうゆ……小さじ2
オリーブオイル……小さじ2
にんにく……1片

【クアトロフォルマッジ】
ピザ用チーズ……適量
スモークチーズ（ミニ）……4〜5個
はちみつ……適量

【お好みの具材】
えび……適量
ベーコン……適量
ウィンナー……適量
ブロッコリー……適量
ミニトマト……適量
コーン……適量

Main

作り方

❶【ピザ生地】生地の材料をすべてボウルに入れ、ヘラで混ぜてから手でこねる。生地がまとまったらラップをして5分程度なじませる。
❷春菊は葉の部分を手でちぎる。モッツァレラチーズの水を切っておく。お好みの具材を食べやすい大きさに切る。
にんにくは皮をむき、潰す。
❸5分たった❶のピザ生地を包丁やスケッパーを使って半分にする。。
❹フライパンに薄くオリーブオイル（分量外）をひいて、フライパンの上で生地を丸く、薄く伸ばす。
❺生地を伸ばしきったら火をつけ薄く焼き色がつくまで、2〜3分ほど中火で焼く。
❻耐熱ボウルにAの材料を入れ、軽く混ぜ合わせたらふんわりラップをして、電子レンジ600Wで1分加熱する。
❼ピザ生地に焼き色がついたらひっくり返し好きな具材をトッピングして、蓋をして5〜6分ほど中火で蒸し焼きにする
（蒸し焼きの途中、生地の周りにオリーブオイル[分量外]を回し入れるとカリッと仕上がります）。
❽【和風マルゲリータ】❻のピザソース、水を切ったモッツァレラチーズをのせる。焼き上がり直前で、春菊を散らす。
❾【クアトロフォルマッジ】ピザ用チーズ、手でちぎったスモークチーズの順にのせる。焼き上がってから、はちみつをかける。
❿【盛りつけ】焼けたら6〜8等分に切り、お皿に盛りつけ完成！
【ポイント】フライパンの上でピザ生地を伸ばす時、厚さが均一になるように広げるときれいに焼き上がります！

Side

春菊のペペドレッシングサラダ

材料（2人分）

春菊……1/2束
A
にんにく……1片
オリーブオイル……大さじ1
塩……小さじ1/4
鷹の爪（輪切り）……少々

作り方

❶にんにくをみじん切りにする。
❷春菊を水で洗い、水気をしっかり切ったら3cm幅に切り
耐熱ボウルに入れる。
❸別の耐熱ボウルにAを入れ軽く混ぜ合わせたら、
ふんわりラップをして電子レンジ600Wで1分加熱する。
❹加熱した❸のドレッシングが温かいうちに春菊が入った
❷のボウルに入れる。軽く和えたら、器に盛りつけ完成！

Wagyu kitchen
★★★

川西家の味を再現!

具だくさん豚汁

RECIPE 28	RECIPE 29
具だくさん豚汁	ごちそう土鍋ごはん

🍲 **RECIPE POINT**

✓ **RECIPE 28** 川西シェフのおうちメニューを再現!
強火で焼いて豚肉の油をたっぷり出すことが旨味のコツです。

✓ **RECIPE 29** イカ刺し、たらこバター醤油をトッピング!
土鍋で炊いたご飯で2種の混ぜごはんを作ります。

水田の味に
なっちゃうから。
シェフ! ひと振り
だけでもお願いします

こんで
ええけどな(笑)

具だくさん豚汁

Main

材料（2人分）

豚バラ肉（スライス）……150g	青ねぎ……2本
にんじん……1/2本	水……500ml
長ねぎ……1/2本	味噌……大さじ3
大根……1/4本	ごま油……大さじ2
ごぼう……1/2本	しょうが（チューブ）……1cm
こんにゃく……150g	

作り方

❶にんじんは皮付きのまま半月切りにする。大根は皮を剥いていちょう切りに。こんにゃくは正方形の薄切りにする。

❷ごぼう、長ねぎは斜めの薄切りにする。豚肉は一口大に切る。青ねぎは小口切りにする。

❸鍋にごま油としょうがを入れ、弱火で加熱し、香りが出たら豚肉とごぼうを入れて強火で炒める。

❹豚肉から油がしっかり出たら、にんじん、大根、こんにゃくを加えてさらに炒める。
大根が透き通ってきたら水と長ねぎを加えて中火で煮る。

❺火が通ったら一度火を止めて味噌を溶き入れる。
再度加熱し、沸騰する直前で火を止める。器に盛り、小口切りにした青ねぎをのせたら完成！

Side

たらバタ醤油とイカの漬け！
ごちそう土鍋ごはん

材料（2人分）

米……2合	【たらこバター醤油】
水……430ml	たらこ……1房
【イカ刺ししょうがめんつゆ】	バター……15g
イカ刺し……150g	しょうゆ……小さじ1
大葉……2枚	青ねぎ……1本
めんつゆ……大さじ2〜	
しょうが……1/3片	

作り方

❶米を洗い、水気を切る（すぐに食べる場合は浸水不要）。

❷米を土鍋に入れ、水を入れて火にかける。中火で5〜6分ほどかけて沸騰させる。

❸沸騰したら蓋をして中火のまま15分炊く。

❹15分経ったら火を止めて蓋をしたまま10分蒸らす。

❺【イカ刺ししょうがめんつゆ】イカ刺しをめんつゆに漬ける（めんつゆが足りなければ、いか刺しが浸かるくらいまで調節する）。

❻大葉を細切りにする。しょうがは針しょうがにする。

❼炊けたごはんをお茶碗1杯ずつ盛り、漬けた【イカ刺ししょうがめんつゆ】と❻の大葉と針しょうがをトッピングして完成！

❽【たらこバター醤油】青ねぎを斜めの細切りにする。
土鍋に残ったごはんに、4等分程度にカットしたたらこ、バター醤油を入れて、混ぜ合わせる。

❾器に盛りつけ、青ねぎをトッピングして完成！

Wagyu kitchen
★★★

牛・豚・鶏を食べつくす!

手巻き肉寿司

RECIPE 30 手巻き寿司の具A		RECIPE 31 手巻き寿司の具B		RECIPE 32 手巻き寿司の具C		RECIPE 33
ポン酢しょうがの鶏天	+	ジューシーローストビーフ	+	甘辛サムギョプサル	=	手巻き肉寿司

手巻き
寿司の具
A

手巻き
寿司の具
C

手巻き
寿司の具
B

🍳 RECIPE POINT

✓ **RECIPE 30 手巻き寿司の具A**・マヨネーズでサクッとした衣の天ぷらに。
少ない油でフライパン調理できます。

✓ **RECIPE 31 手巻き寿司の具B**・湯煎に入れて10分でジューシーに!
オーブンを使わずに手軽に本格ローストビーフが作れます。

✓ **RECIPE 32 手巻き寿司の具C**・ごはんにも、酢飯にも合う甘辛ダレ!
お家で手軽に作れるサムギョプサルです。

✓ **RECIPE 33** 欲張りに3種類のお肉をいただきます!
手巻き寿司でパクパクいけちゃう、クリスマスや年末年始に
ぴったりなパーティー料理です。

お風呂に
入る時間が40分。
しんじです

Ⓐ 揚げずにサクッと！ポン酢しょうがの鶏天

材料（2人分）

鶏ささみ……3本
A ┌ しょうが（チューブ）……3cm
  │ 酒……大さじ2
  │ ぽん酢……大さじ2
  └ 顆粒和風だしの素……小さじ2

B ┌ 薄力粉……25g
  │ 片栗粉……大さじ1
  │ 水……40ml
  └ マヨネーズ……小さじ2
サラダ油……適量

作り方

❶鶏ささみを縦横に十字に切り、4等分にして計12本に切る。
❷ジップ付きポリ袋にAと一緒に入れ、10分ほど漬けておく。
❸Bをボウルに合わせ、漬けた鶏ささみを入れてよく絡ませる。
❹フライパンにサラダ油を深さ1cmほど入れ中火で熱し、衣につけた鶏ささみを揚げ色がつくまで揚げ焼きにしたら完成！

Ⓒ コチュジャンいらず！甘辛サムギョプサル

材料（2人分）

豚バラ肉（厚切り）……300g
ごま油（炒め用）……大さじ1/2
A ┌ ごま油……大さじ1
  │ 豆板醤……大さじ1
  │ 味噌……大さじ1
  │ 酒……小さじ2
  │ 砂糖……小さじ2
  └ にんにく（チューブ）……2cm

作り方

❶豚肉を食べやすい大きさに切る。Aを全て合わせる。
❷フライパンに炒め用のごま油をひき、豚肉を焼く。
❸お肉に火が通ったらAを入れ、
ひと煮立ちさせよく絡ませたら完成！

Ⓑ オーブンいらず！ジューシーローストビーフ

材料（2人分）

牛もも肉（ブロック）厚みのないもの……300〜350g
塩……適量
こしょう……適量
オリーブオイル（焼き用）……大さじ1/2
A ┌ しょうゆ……大さじ3
  │ 酒……大さじ1
  └ にんにく（チューブ）……小さじ1/2

作り方

❶牛肉を常温に戻し、塩、こしょうを全体にまぶす。
深めの鍋にお湯を沸かしておく。
❷フライパンにオリーブオイルをひき、強火で加熱する。
温まったら牛肉を入れて全体にしっかりと焼き色をつける。
❸お肉に焼き色が付いたらAを入れる。軽く煮絡めたら、
お肉だけ取り出しアルミホイルを二重にして包む。
❹ジップ付きポリ袋に❸のお肉を入れ、
空気が入らないよう封をしたら、
さらにもう1枚、ジップ付きポリ袋に入れ2重にする。
❺お湯を沸かしておいた鍋の中に❹の袋ごと入れる。
入れたらすぐ火を止め10分程おく。
❻フライパンに残ったたれをひと煮立ちさせたら、
取り出しておく。
❼❺のお肉を鍋から取り出し、袋からお肉を出し
お肉を落ち着かせる（熱いうちはお肉が切りにくいです）。
❽10分ほど経ったら薄くスライスして完成！
お好みで❻のたれに付けお召し上がりください。

手巻き肉寿司

材料（2人分）

ごはん……3合
のり（手巻き寿司用）……適量
A ┌ 米酢……60ml
  │ 砂糖……30g
  └ 塩……15g
【お好きな具材】
鶏天……適量
サムギョプサル……適量
ローストビーフ……適量
サニーレタス……適量
スプラウト……適量
青ねぎ……適量
アボカド……適量
パプリカ……適量
錦糸卵……適量
大葉……適量

❶【酢飯】
Aをボウルで合わせ、ホイッパーなどで
砂糖、塩が溶けるまで混ぜる。
❷炊けたごはんの全体にAをかけ、
下から上へ混ぜ合わせたあと、
切るように混ぜる。
❸うちわなどであおぎ、粗熱を取る。
❹湿らせたガーゼもしくは
キッチンペーパーなどを上から被せ、
乾燥しないように置いておく。
❺のりに酢飯をのせ、
好きな具材を巻いて完成！

PLAY BACK >>> SEASON 3

🎬 EPISODE 1
川西さん、まさかのヒートテック姿の出演で スタジオもコメント欄もザワつく!
(2018.11.3)

『和牛キッチン』史上に残る、"川西さんヒートテックで出演"事件が勃発!

オープニングのあいさつをする川西さんを、2度見する水田さん。なんと川西さん、本番直前に暑くなってセーターを脱ぎ、ヒートテックの上にエプロンをかけて登場。

川西「ごめんな、ほんで俺ちょっと今日、ヒートテックで……」
水田「おまえまじか! おまえまじか! きっしょ!(笑)」
川西「マネージャーから、ほんまにそれでいかはるんですか? っていわれたんやけど、エプロンするし何でもええかと……。でも放送始まってモニターに映った瞬間、あ、これはあかんなって。恥ずかしくなってきた」
水田「そういうとこやねん、お前の可愛いとこって」
川西「可愛いんかい(笑)」

恒例の"血管タイム"に入るも、視聴者からは「ヒートテックしかはいってこない!」などのコメント続出。それを見て、「ヒートテックがじゃましてんねん、番組の!」と水田さん。その後もヒートテックイジりは続きます。

川西「バターは入れたら入れただけうまなるからな」
水田「出た、川西の名言! でも残念ヒートテックが……」

最後までヒートテックをイジられ続けた川西さんでした。

🎬 EPISODE 2
『和牛キッチン』改め 『ぱく田とぱく西のわんぱくキッチン』?
(2018.11.16)

川西さんがゆずを切っている時、水田さんは何も見ずに「血管ターイム!」と宣言。「お前ノールックで言えるようになったやん」と川西さんが思わず感心。その後、うまく切るコツについて水田さんにアドバイスを求める川西さん。

水田「練習、練習、練習です」
川西「ほんまに何もないの?」
水田「ほんまに、ほんまに何にもない」
川西「なんやおまえ!」

鶏の筋を細かく取り除きながら「結婚相手の条件は、鶏の筋を取ってくれる人」と、独特な条件をカミングアウトした水田さん。そんな水田さんのお尻が、川西さんに当たると……。

川西「お尻大きいこと忘れてもうて、当たってるわ」
水田「ちょっとぉ～、お母さんから譲り受けてます」
川西「母親譲りの安産型」
水田「兄貴には譲られてへん。俺が兄貴のぶん譲り受けた」

ボリューミーなチキン南蛮が出来上がり、テンションがあがる2人。

川西「うわ～うまそ、わんぱくやな今日!」
水田「ぱく田とぱく西のわんぱくキッチンやな!」
川西「(チキン南蛮を食べて)うーん」
水田「うなっとるね」

🎬 EPISODE 3
ラップにハマっているという水田さん、 川西さんは即興ラップを歌うも ややすべり…!?
(2018.11.21)

川西「スタジオに着いた時ヒートテックやったんやけど、ちゃんとセーター着たんやで」
水田「かんべんしてや」
川西「ちゃんと着とるやん。なんで着てるのにいわれなあかんの」
水田「ふっふっふ(笑)」

前のヒートテック事件を、再びイジられる川西さん。途中"血管タイム"もありつつ、水田さんが最近ハマっているという、ラップの話題に。

水田「最近ラップの映像観ることが多くて」
川西「ラップ覚えようとしてんの?」
水田「韻踏みそうなときにぽろっと出ちゃうのよ」
川西「ダジャレみたいな要素もあるもんな。今日のぶり照りぞっともそんな感じやん。♪ぶり照りぞっと食べてみよっと」
水田「……」

ラップを歌ってみるものの、スタジオはシーン。すべる川西さんでした。

🎬 EPISODE 4
ピザの箱にお絵描きする2人、
そしてピザ屋さんごっこに発展！
(2018.11.28)

好きな具材をトッピングして焼き上がったピザを箱詰めすると、即興のピザ屋漫才がスタート。

水田「ピザまだかな、遅いな～」
川西「(ピンポーン)。お待たせしました、クックパッドピザでーす。こちらマルゲSです。あと、こちら付け合わせの春菊サラダです」
水田「おいくらですかね」
川西「1250円です」
水田「安ーい」

水田「(ピンポーン)。頼まれてないけどピザ持ってきました」
川西「持って来たらあかんで自分。なんや自分」
水田「スマイルピザですぅ」
川西「スマイルピザ？　陳腐な名前やな。お前んとこのピザなんてどうせ……（美味しそうなピザを見て）買いまーす！」
水田「ありがとうございます」

🎬 EPISODE 5
3人目の霜降りになろうとしとるやんか。
和牛でいてくれ……（川西）
(2018.12.12)

豚汁は、川西さんのお母さんの思い出の味なんだそう。具の大根のかつら剥きをするのは水田さん。もちろん曲は、ソロネタにもある『Rusty Nail』！　さらに、剥いた皮で即席のお漬け物を作るという、元料理人だからこそできる技を披露し、これには「『Rusty Nail』歌いながら作ったとは思えへんぐらいうまいで」と川西さんも絶賛でした。

豚汁が完成し、実食。

川西「うまー！　豚の脂よう出してくれたもんやわ。野菜の甘味、ゴボウの土の香りよう出てるわ。おかんにも食わしてあげたいわ」
水田「作られたら作り返す……豚汁返しや！」
川西「霜降り(明星)が、最後ネタのオチにしてたやんそれ。3人目の霜降りになろうしとるやんか。和牛でいてくれ……」

🎬 EPISODE 6
過去最大の痴話喧嘩が勃発？
さらにシステム不具合で配信中断も！
(2018.12.25)

配信中にシステムの不具合によって配信中断というアクシデントが起こった回。2人の痴話喧嘩も勃発し、ある意味思い出深い回になりました。

ローストビーフの下準備で、牛の塊肉に下味をつけていた川西さん。その時、元料理人の水田さんが段取りについて注意し始めて、「うるさいうるさいうるさーい！　俺は俺のやり方でやるー！」と、川西さんがついに逆ギレ！　視聴者からは「喧嘩やめてー」、「過去最高に空気悪い」などのコメントが続々。

水田「喧嘩じゃない。一方的に僕がいわれただけです…」
川西「うまいよなー、しおらしくして俺がひどいやつで終わっていくゆー。お前がわーってゆうたときに、ひどく見えないように俺は全部返してあげるやんか。お前は、可愛いいわれてええな！　自分ばっかりええなー！」
水田「ふふふー(笑)」
川西「ふふふじゃないのーっ！　ほら(コメント)見て、『喧嘩やめて』、『川西謝れ』って」

喧嘩しながらも着々と料理は進む中、突然、システム不具合で中断する事態に。そこで、中断中に喧嘩がヒートアップして殴り合っていたという設定にするため、2人は顔にマジックで傷の落書きをはじめます。

その後、再びシステム不具合で中断。今度は、川西さんが腕にがっつり血管を描き、システムが復活した時には……。

川西「見てこれー」
水田「スーパー血管タイムです。いつもより多く血管出してまーす」

アクシデントも笑いに変えてしまう、さすがの2人でした。

「やったー！　和牛キッチンシーズン
4！　川西シェフと助手水田さーん！」

#和牛キッチン #和牛 #水田信二 #川
西賢志郎 #cookpad

RECIPE LIST

人気メニューが合体！

天津あんかけ焼きそば

RECIPE③④	RECIPE③⑤
天津あんかけ焼きそば	レンチンシューマイ

🍲 **RECIPE POINT**

✓ RECIPE③④中華の定番料理がまさかの合体！
海鮮焼きそばにかに玉をのせて欲張りにいただきます。

✓ RECIPE③⑤餃子の皮を細切りにして皮に。
つけ合わせの小松菜と一緒に電子レンジ加熱すれば
蒸し器いらずでできちゃいます。

ええなぁ、
おれもそれ
やりたいなー

天津あんかけ焼きそば

材料（2枚分）

焼きそば……2玉
卵……4個
絹ごし豆腐……100g
しいたけ……2個
小松菜……1株
かにかまぼこ……60g
冷凍シーフードミックス……160g
片栗粉……小さじ1
ごま油……大さじ1
サラダ油……大さじ1
酒……大さじ1と1/2
塩……少々
こしょう……少々

A
水……300ml
酒……大さじ2
しょうが（チューブ）……1cm
鶏ガラスープの素……小さじ2
しょうゆ……小さじ2
ごま油……小さじ2
砂糖……ひとつまみ

【水溶き片栗粉】
水……大さじ2
片栗粉……大さじ1と1/2
【飾り付け】
青ねぎ……適量

Main

作り方

❶シーフードミックスは解凍しておく。しいたけは軸を取り、薄いスライスにする。小松菜は3cm幅に切り、かにかまぼこは手でほぐす。

❷豆腐はキッチンペーパーで軽く水気を切る。

❸小鍋にAを入れて中火にかける。その間に【水溶き片栗粉】を合わせておく。
沸騰したらしいたけを入れ、1分程度加熱し一度火を止める。

❹【水溶き片栗粉】を回し入れ、よく混ぜながら再度弱火で加熱し、とろみがつき、ふつふつとしたら火を止める。

❺ボウルに卵と豆腐、片栗粉、塩、こしょうを入れてホイッパーでよく混ぜ合わせる。
そこに、ほぐしたかにかまぼこを入れて箸で軽く混ぜる。

❻焼きそばを袋ごと半分に切り、こぼれないよう切り目を上向きにして耐熱皿などに入れ、電子レンジ600Wで60秒加熱する。

❼フライパンにごま油の半量（大さじ1/2）を入れ中火で加熱し、麺をほぐしながら入れ、軽く焼き色が付くまで炒める。

❽麺をフライパンの片側に寄せて空いているところにシーフードミックスを入れ軽く炒めたら、
小松菜を入れて塩とこしょうをふり、味をつける。

❾酒を加えて水気が飛ぶまで炒めたら残りのごま油（大さじ1/2）を加えて軽く炒め、お皿に盛りつける。

❿同じフライパンにサラダ油の半量（大さじ1/2）を入れ、強めの中火で加熱する。

⓫温まったら❺の卵液の半分（1人分ずつ）を入れ、表面が半熟になる程度のスクランブル状にする。

⓬フライパンから滑らせて❾の麺の上にのせる。再度温めた❹のあんを上からかけ、小口切りにした青ねぎをかけたら完成！

Side

餃子の皮で！レンチンシューマイ

材料（2人分）

合いびき肉……100g
（鶏ももひき肉でも可）
絹ごし豆腐……50g
青ねぎ……2本
しいたけ……2個
小松菜……3〜4株
餃子の皮……8枚
水（蒸す用）……大さじ2

A
塩……ひとつまみ
こしょう……少々
鶏ガラスープの素……小さじ1/2
しょうが（チューブ）……小さじ1/2
片栗粉……小さじ1

【お好みで】
しょうゆ……適量
和からし……適量

作り方

❶しいたけをみじん切りに、青ねぎは小口切りにする。豆腐はキッチンペーパーなどで包み水切りする。

❷餃子の皮を半分に切り、さらに縦に細切りにする。切れたらバットなどに入れる。

❸ボウルに合いびき肉、❶のしいたけ、青ねぎ、豆腐、Aを入れよく捏ねる。粘りがでてきたら8等分にする。

❹❸を❷の上にのせコロコロとし、肉が見えないように餃子の皮をまとわりつける。

❺小松菜を水洗いし、軽く水を切ったら3cm幅に切り、耐熱皿に敷き詰める。その上に❹をくっつかないようにのせる。

❻耐熱皿にふんわりとラップをし、シューマイにかからないよう水を全体にかけ、電子レンジ600Wで3分30秒〜4分加熱する。

❼お肉に火が通ったら完成！ お好みでしょうゆと和からしをつけてお召し上がりください。

（お肉に火が通らない場合は、1分ずつ電子レンジ加熱をして様子をみてください）

Wagyu kitchen
★★★

サフランいらず！

フライパンパエリア

RECIPE❸❻	RECIPE❸❼
フライパンパエリア	パプリカオニオンスープ

🍲 **RECIPE POINT**

✓ RECIPE❸❻魚介と鶏肉の風味と旨味が溶け込んだパエリア。
あのジュースで手軽においしく作れます！

✓ RECIPE❸❼シンプルなのにコクがある！
パプリカの優しい甘さが溶け出したオニオンスープです。

いいですね～！

このくらいで
いい!?

フライパンパエリア

材料（2人分）

米……2合
鶏手羽元……4本
有頭赤えび……3尾
好みのシーフード……100g
（またはホタルイカ……100g）
トマト（大）……1個
ピーマン……1個
たまねぎ……中1個
にんにく……2片
パプリカ（赤）……1/4個
パプリカ（黄）……1/4個
酒（えび用）……大さじ1

オリーブオイル（鶏手羽元炒め用）
……小さじ1
オリーブオイル（野菜炒め用）
……大さじ3
オリーブオイル（米炒め用）
……大さじ1
【飾り用】
グレープフルーツ……適量

A｜ グレープフルーツジュース
　　……小パック1本（250ml）
　　水……150ml
　　鶏ガラスープの素
　　……大さじ1
　　塩……小さじ1

Main

作り方

❶【下準備】米は洗って30分浸水させておく。ホタルイカを使う場合は目、くちばし、中骨（軟膏）を取り除いておく。
❷トマトのヘタを取り、ヘタと逆のほうに十字に切り込みを入れる。切り込みを入れたほうを上に向けて耐熱ボウルに入れる。
❸トマトの2/3が浸るくらいの水を入れてラップをせずに電子レンジ600Wで2分加熱する（皮がはがれないようだったら1分延長する）。
❹トマトの皮がはがれたら、氷水または冷水に付けて冷まし、冷めたら皮をむく。
❺ピーマン、たまねぎ、にんにく、❹のトマトは細かいみじん切りにする。パプリカは三角に細く切る。
❻塩（分量外）をふった手羽元とオリーブオイル（小さじ1）をフライパンに入れて中火で炒める。
❼手羽元を炒めている途中にパプリカを入れ、少し焼き色がついたら取り出す。
❽肉の表面に焼き色がつき、7割程度火が通ったら一旦取り出す。
❾同じフライパンに塩（分量外）をふったえびを入れ片面に少し焼き色がついたら、えび用の酒を入れ裏返してすぐに取り出す。
❿えびを取り出した❾のフライパンにオリーブオイル（大さじ3）、たまねぎ、にんにくを入れる。
⓫塩を少々（分量外）ふって水分が早く飛ぶように強めの中火で焦げないように炒める。
⓬たまねぎのかさが減って透明になったら、ピーマンを加えてさっと炒め、みじん切りにしたトマトを加える。
⓭水分が飛ぶように強めの中火のまま、とろとろになるまで炒める。
⓮Aを耐熱ボウルに入れ、電子レンジ600Wで1分30秒加熱する。
⓯フライパンの野菜の水分が減ったら、好きなシーフード（ホタルイカ）、米、オリーブオイル（大さじ1）を加え全体を混ぜ合わせる。
⓰⓯に温めたAを加え、全体が混ざるように2～3回ヘラで回しながら、お米をなるべく平らにする。
⓱平らにしたお米の上に炒めた手羽元を十字に置く（太い方が中心を向くように入れる）。
⓲フライパンの中身が沸いたら、弱めの中火に落としてフライパンをゆすりながら10分炊く。8分経ったら、えびとパプリカを入れる。
⓳10分経ったら米を一度味見をして、少し芯が残るくらいのアルデンテになったら火を止め、
アルミホイルをふわっとかぶせて、7分蒸らす（もし米の芯が気になったら、水を50ml 加えて1～2分追加で炊く）。
⓴蒸らし終えたら、お好みでくし切りにしたグレープフルーツを添えて完成！ グレープフルーツをしぼりながらお召し上がりください。
【ポイント】米を炊いている時、フライパン全体が沸く最低の火加減で炊くと美味しく仕上がります。

Soup

お酢でコクうま！ パプリカオニオンスープ

材料（2人分）

パプリカ（赤）……3/4個
パプリカ（黄）……3/4個
たまねぎ……1/2個
薄力粉……小さじ1
バター……20g
穀物酢……大さじ1
塩……ひとつまみ
A｜ 水……300ml
　　顆粒コンソメ……小さじ1
【お好みで】
刻みパセリ……少々
（ドライパセリでも可）

作り方

❶パプリカは1cm角に切る。たまねぎを横半分に薄切りにし、薄力粉をまぶす。
❷鍋にバターを溶かし、たまねぎを入れる。油が回ったらたまねぎを広げながら、強火で炒める。
❸たまねぎに焼き色がついたらパプリカを加え軽く炒め、酢と塩を加える。
❹酢が飛んだらAを入れて中火で煮詰める。
❺味見をし、塩、こしょう（分量外）で味を調える。器に盛ってお好みでパセリをちらしたら完成！

しらすだしの

鍋焼きカツうどん

RECIPE38 鍋焼きうどんの具

サクッとチキンカツ

RECIPE39

鍋焼きカツうどん

🍲 **RECIPE POINT**

✓ **RECIPE38** 鍋焼きうどんにも合う和風チキンカツ！
卵を使わずマヨネーズを使ってサクッと衣に仕上げます。
お弁当のおかずにもおススメです。

✓ **RECIPE39** レンチンした"しらすだし"がおいしさの秘密。
チキンカツをトッピングした元気が出る鍋焼きうどんです。

6:4の人気を
8:2にしようと
してるやん！

卵の代わりにマヨで！
サクッとチキンカツ

材料（2人分）

鶏むね肉……1枚
（200g程度）
パン粉……適量
サラダ油……適量

A
酒……大さじ1
しょうゆ……小さじ2
顆粒和風だしの素
……小さじ1

B
薄力粉……大さじ2
水……大さじ1
マヨネーズ……大さじ1

作り方

❶鶏肉の厚い部分を薄く開き、細長くエビフライの様な形になるように8～9等分に切る。
❷鶏肉をAと一緒にジップ付きポリ袋に入れて15～20分漬けておく。
❸Bをボウルに入れ混ぜ合わせる。
❹漬けておいた❷の袋から鶏肉を箸で取り出し、❸のボウルに入れて混ぜ合わせる。
❺ボウルから鶏肉を取り出し、パン粉をまぶす。
❻フライパンにサラダ油を深さ1.5cmほど入れて中火で加熱する。
温まったらパン粉をまぶした鶏肉を入れて揚げ焼きにする。両面に焼き色が付いたら完成！

Main

鍋焼きカツうどん

材料（1人分）

冷凍うどん……1玉
しいたけ……2個
ほうれん草……1株
かまぼこ……2切れ
卵……1個
チキンカツ……適宜
長ねぎ……1/4本

しらす……1パック（25g）
水……大さじ1
塩……ひとつまみ

A
味付きのり……4枚
水……300ml
しょうゆ……大さじ2

【お好みで】
柚子こしょう……小さじ1程度

作り方

❶長ねぎを小口切りにし、しらすと一緒に耐熱皿にのせる。
水と塩をかけ、ふんわりとラップをして電子レンジで600Wで1分30秒加熱する。
❷ほうれん草は3cm幅に切る。
❸❶とAを鍋に入れて沸かす。（のりは、のりからもだしが出るため先に入れます）
❹沸騰したらのりが沈まないように冷凍うどん、しいたけ、ほうれん草、かまぼこ、卵を入れて蓋をして2～3分加熱する。
❺卵の白身に火が通ったらチキンカツをのせて完成！　お好みで柚子こしょうを入れてお召し上がりください。

卵豆腐でだしいらず！

ふわとろ親子丼

RECIPE⑳	RECIPE㉑
ふわとろ親子丼	たまねぎスープ

🍲 RECIPE POINT

✓ **RECIPE⑳** だしを使わずに卵豆腐を入れて、
簡単にふわとろな親子丼に！
初めて挑戦する方でも失敗せずに作れるお手軽レシピです。

✓ **RECIPE㉑** 梅干しの塩加減と酸味でさっぱり！
家にある食材でさっと作れる即席スープです。
春の新たまねぎで作ってもGOOD♪

♪透けるほどに
たまねぎを切るのさ〜

ふわとろ親子丼

材料（2人分）

鶏もも肉……1/2枚（160g）
酒……大さじ1
塩……少々
こしょう……少々
サラダ油……大さじ1
たまねぎ（小）……1/2個
卵豆腐……1パック
卵……2個
ごはん……2人分

A
水……大さじ2
卵豆腐付属のたれ……1袋
みりん……大さじ1と1/2
酒……大さじ1と1/2
しょうゆ……大さじ1と1/2

【トッピング】
青ねぎ……適宜
【お好みで】
かつお節……少々

Main

作り方

❶たまねぎは半分に切ってから薄切りにする。トッピングの青ねぎは小口切りにする。鶏肉は1.5cm角に切る。
❷ボウルにAの調味料を合わせる。別のボウルに卵を割り入れ、塩、こしょうをふり、溶く。
❸フライパンにサラダ油をひき、たまねぎを炒める。鶏肉を加え、酒、塩をふって炒める。
❹Aを加え、鶏肉に味が染みるように火を通す。水分がある程度飛んだら、卵豆腐をスプーンですくって加える。
❺❹に❷の溶き卵を一気に入れ、軽くかき混ぜる。
❻皿にご飯を盛り、❺をのせる。青ねぎとお好みでかつお節をふりかけたら完成！

Soup

焼き梅干しでさっぱりと
たまねぎスープ

材料（2人分）

梅干し……4個（1個約10g）
たまねぎ……1/4個
大葉……2枚
ごま油……小さじ1と1/2
塩……小さじ1/4
顆粒和風だしの素……小さじ1と1/2
水……400ml

作り方

❶梅干しの種を抜く。大葉は千切りにする。たまねぎは繊維と平行に薄切りにする。
❷小鍋にごま油を小さじ1を入れて中火で加熱する。温まったら梅干しを入れて両面に焼き色をつける。
❸たまねぎを入れて軽く炒めたら水を入れ強火にする。沸騰したら塩と顆粒和風だしの素を入れて火を止める。
❹ごま油小さじ1/2を入れて軽く混ぜる。
❺器に盛りつけて大葉をのせたら完成！

ぶどうジュースで本格派!

黒酢風酢豚

RECIPE42	RECIPE43
黒酢風酢豚	レンチン春雨サラダ

🍲 **RECIPE POINT**

✓ RECIPE42野菜をたっぷり使った本格派の酢豚!
ぶどうジュースとお酢を使って黒酢風に仕上げます。
豚のこま切れを使ってもボリューム満点!

✓ RECIPE43お湯で戻さず電子レンジだけで
一気に調理できちゃう春雨サラダ!
仕上げにごま油と白ごまをかけて中華風に仕上げます。

はあ〜〜!?
どうですか〜〜
ああん?

はよ入れろや

黒酢風酢豚

材料（2人分）

豚こま切れ肉……300g
にんじん……1/2本
たまねぎ……1個
スナップえんどう……6個
ピーマン……1個
パプリカ(小)……3/4個
ごま油……大さじ1

A
┌ ぶどうジュース
│   (果汁100%)……150ml
│ 穀物酢……大さじ3
│ しょうゆ……大さじ1
│ 酒……大さじ1
│ ケチャップ……大さじ1
└ はちみつ……大さじ1

B
┌ 塩……少々
│ こしょう……少々
│ しょうゆ……大さじ1
│ 酒……大さじ1
└ 片栗粉……大さじ2

【水溶き片栗粉】
水……大さじ1
片栗粉……小さじ2

Main

作り方

❶ぶどうジュースを小鍋に入れて強火で火にかける。1/5量(30ml程度)になるまで煮詰めたら、耐熱ボウルに移し
Aを全て混ぜ合わせる。【水溶き片栗粉】を合わせる。
❷にんじんを皮付きのまま乱切りにし、水気をつけて耐熱皿にのせ、ふんわりラップをして電子レンジ600Wで1分30秒加熱する。
❸たまねぎを厚めのくし切りにする。ピーマン、パプリカは一口大に切る。スナップえんどうは筋を取る。
❹豚肉とBをボウルに入れ混ぜ合わせ、3cm直径程度の球体にする。
❺フライパンにごま油をひき、❹を中火で焼く。全面に焼き色がついたらスナップえんどうを入れ弱火にし、蓋をして2分蒸らす。
❻蓋を開けて残りの野菜を入れ、強めの中火で少し炒めたら、強火にして合わせたAを入れて水分を飛ばすように炒める。
❼火を止めて【水溶き片栗粉】を回し入れる。全体を混ぜたら再度加熱をし、とろみがついたら完成！

Side

味がしみこむ！ レンチン春雨サラダ

材料（2人分）

春雨……30g
にんじん……1/4本
スナップえんどう……4個
パプリカ……1/4個
いり白ごま……大さじ1
ごま油……大さじ1

A
┌ 水……120ml
│ しょうゆ……大さじ1
│ みりん……大さじ1
└ 鶏ガラスープの素……小さじ1

作り方

❶春雨を半分に切って耐熱ボウルに入れる(丸まっているタイプを使う場合はそのままでOK)。
❷スナップえんどうは筋を取って二等分にする。にんじん、パプリカは千切りにする。
❸❶の耐熱ボウルにAと❷の野菜を入れ、ふんわりとラップをしたら電子レンジ600Wで5分加熱する。
❹加熱後、ごま油といり白ごまを加え混ぜ合わせる。粗熱を取って冷ましたら完成！

冷めても美味しいお弁当おかず!

悪魔のから揚げ&天使の卵焼き

RECIPE㊹	RECIPE㊺
悪魔のから揚げ	天使の卵焼き

🍲 **RECIPE POINT**

✔ **RECIPE㊹やみつきになるおいしさ!**
揚げ玉を使ったサクサク衣に和風だしで味付けした鶏肉がジューシー。
冷めても美味しいから揚げです。

✔ **RECIPE㊺はんぺんの食感と旨味が効いた卵焼き!**
材料をよく混ぜ合わせるだけで、お店のようなふわっふわ食感になります。

ちょっと待て!
血管ターーイム!
ぷよぷよぷよぷよー

さわんのは
ちゃうて

美味しくてやみつき！ 悪魔のから揚げ

材料（2人分）

鶏もも肉……1枚
サラダ油……適量

A
- しょうゆ……大さじ1
- みりん……大さじ1
- 顆粒和風だしの素……小さじ1
- にんにく（チューブ）……2cm

B
- マヨネーズ……大さじ4
- 片栗粉……大さじ4
- 揚げ玉……30g

【トッピング】
青のり……適量

Main

作り方

①鶏肉を一口大の半分くらいの小ささに切る。
②切った鶏肉は合わせた**A**と一緒にジップ付きポリ袋に入れて揉み込み、5分以上漬ける。
③揚げ玉を袋に入れ、綿棒などで叩いて粗目に砕き、残りの**B**の材料と一緒にボウルに合わせる。
④②の水気を切らずに③に入れ、よく混ぜ合わせる。
⑤フライパンにサラダ油を深さ2cmほど入れ、弱めの中火で加熱し④の鶏肉を揚げ焼きにする。
⑥鶏肉に火が通ったら油を切って、青のりをかけて完成！

Side

ふわふわで幸せ！ 天使の卵焼き

材料（2人分）

卵……2個
はんぺん……50g
水……大さじ3
砂糖……小さじ1
めんつゆ（3倍濃縮）……小さじ2
ごま油……適量
（サラダ油でも可）

作り方

①はんぺんを袋やラップに包み手で潰し、卵と水、砂糖、めんつゆと一緒にボウルに入れる。
②全体がふわっとなるようにホイッパーで全てが細かくなるまで混ぜる。
③卵焼き器にキッチンペーパーを使って全体にごま油を塗り、弱めの中火で加熱する。
※普通の生地より焦げやすいので火加減に注意してください。
④しっかりと温まったらお玉1杯分②を入れる。
火が通って裏面が固くなってきたら箸やフライ返しを使い、奥側から手前側に2回に分けて巻く。
⑤卵が手前に寄った状態で、奥側に油を塗る。卵を奥側に移動させ、手前側にごま油を塗る。
⑥⑤にお玉1杯分の卵液を流し込む。焼いている生地を箸等で持ち上げ、下にも卵液を流し込む。同様に巻いていく。
⑦④〜⑥を卵液がなくなるまで繰り返したら、キッチンペーパーの上に卵焼きを取り出す。
キッチンペーパーで包み形を整え、食べやすい大きさに切ったら完成！

あのベアルネーズソースで！

和牛ステーキ

RECIPE46

和牛ステーキ

RECIPE47

たけのこのにんにく醤油焼き

RECIPE48

シャトー切りにんじんグラッセ

🍲 RECIPE POINT

✓ **RECIPE46** フレンチレストランのステーキソースが自宅で作れる⁉
和牛はもちろん、お手頃価格のステーキ肉でも美味しくいただけます。

✓ **RECIPE47** 生のたけのこがレンジで簡単にアク抜きできちゃう！
もちろん水煮のたけのこを使ってもOK。

✓ **RECIPE48** ステーキの付け合わせの定番！
ほんのり甘いにんじんグラッセの基本の作り方をご紹介します。

保温からの〜、

脱出ーーーぅ！

和牛ステーキ

材料（2人分）

ステーキ肉（お好きな部位）
……170g程度（厚さ1.5cm）
オリーブオイル……大さじ1/2
塩……3つまみ
こしょう……少々
【和牛以外のお肉を使う場合】
砂糖……ひとつまみ
【お好みで】
クレソン……適量

【ベアルネーズソース】
たまねぎ……1/3個
白ワイン……30ml
穀物酢……50ml
イタリアンパセリ……1本
チャービル……1本
水……40ml
卵黄……2個分
バター……60g
塩……小さじ1/4
粗びき黒こしょう……適量

Main

作り方

❶ステーキ肉は30分以上常温に出して戻しておく（和牛以外のステーキ肉でも可）。
❷ステーキ肉に塩、こしょう、（和牛以外の場合は砂糖も）を振り、10分程度置いておく。
❸【ベアルネーズソース】たまねぎを細かくみじん切りにする。
❹イタリアンパセリとチャービルは葉と茎に分け、それぞれみじん切りにする。
❺バターは耐熱ボウルに入れ、ふんわりとラップをしたら電子レンジ600Wで1分10秒加熱して完全に溶かす。
❻❸のたまねぎ、❹でみじん切りにした茎、白ワイン、酢を小鍋に入れて火にかけ、水気が飛ぶまで中火で加熱する。
❼水気が飛んだら水を加え、ボウルに入れる。そこに卵黄と❹でみじん切りにした葉を入れ、ホイッパーでよく混ぜる。
❽ボウルごと湯煎にかけながら、もったりするまでホイッパーで混ぜる。
❾もったりとしたら塩と粗びき黒こしょう、❺で溶かしておいたバターの上澄みの部分だけをボウルに加え入れる。
❿濃度がちょうど良くなったら湯煎から引き上げ、粗熱が取れるまで常温の水が入ったボウルにボウルごと重ね入れ、冷ましておく。
⓫ステーキ肉を焼くフライパンにオリーブオイルをひき、強火で加熱する。
⓬フライパンが十分に温まったら、ステーキ肉を盛りつける時に上になる面から先に焼く。1分30秒〜2分で焼き色をつける。
⓭火を止めて裏返し、アルミホイルをかぶせて1分放置して完成。
（この時アルミホイルをかぶせるまでに手間取るようであれば50秒でタイマーをかける）
⓮お皿にステーキ肉をのせ、❿のベアルネーズソースをかけ、お好みでクレソンなどの野菜を添えたら完成！

レンジでアク抜き！ たけのこのにんにく醤油焼き

材料（2人分）

たけのこ（生）……1個
にんにく……1片
イタリアンパセリ……1本

塩……ふたつまみ
粗びき黒こしょう……適量
しょうゆ……小さじ1/2
オリーブオイル……大さじ1

A ┌ 薄力粉……大さじ2
  └ 米……大さじ2

作り方

❶たけのこを洗って下0.5cmを切り落とし、縦長に4等分に切る。
❷大きめのボウルにAとたけのこが浸るくらいの水（分量外）を入れ、ホイッパーで混ぜ合わせて濁った水にする。
❸そこにたけのこの切った面が下になるように入れ、上下に少し隙間が空くようにしてラップをし電子レンジ600Wで15分加熱する。
❹加熱が終わったら汁に漬けたまま粗熱を取る。
❺粗熱をとった❹のたけのこを水で洗い、皮をむき薄切りにする。
（水煮のたけのこの場合は、水洗いして水気を切ってから薄切りに）

❻にんにくは薄切りにし、イタリアンパセリはみじん切りにする。
❼フライパンにオリーブオイルとにんにくを一緒に入れ中火で加熱する。
❽にんにくから香りが出てきたら❺のたけのこを入れ、焼き色がつくまで炒める。
❾塩、粗びき黒こしょう、しょうゆを入れさっと炒めたら、火を止めてみじん切りにしたイタリアンパセリを入れて和えたら完成！

助手水田・直伝！ シャトー切りにんじんグラッセ

材料（2人分）

にんじん……1/2本

A ┌ 水……100〜150ml
  │ （にんじんにかぶる程度）
  │ 砂糖……40g
  │ バター……20g
  └ レモン汁……大さじ1

作り方

❶にんじんをシャトー切りにする。
❷小鍋にAと❶を入れて加熱し、沸騰したら弱めの中火にして10分ほど煮る。にんじんに火が通ったら完成！

マスカルポーネいらず！

ティラミスパンケーキ

RECIPE49	RECIPE50
ティラミスパンケーキ	ビビンパンケーキ

🍲 **RECIPE POINT**

✓ ホットケーキミックスにプラスαで
しっとりふわふわのパンケーキ生地になります。

✓ RECIPE49 ティラミスのようなほろ苦さがポイントのパンケーキ！
ヨーグルトを使ってマスカルポーネチーズ風のクリームを作ります。

✓ RECIPE50 韓流をイメージしたおかず系パンケーキ。
パンケーキのやさしい甘さと甘辛なビビンバがベストマッチ！

んふふふふふー！

ひゃはははははっ

ヨーグルトでしっとり！　パンケーキ生地

材料（2人分）

ホットケーキミックス
……1パック
卵……2個
プレーンヨーグルト……100g
牛乳……50ml
オリーブオイル……10g

作り方

❶卵、ヨーグルトをボウルに入れてホイッパーでよく混ぜ合わせる。
そこにホットケーキミックスを入れて混ぜる。
❷混ざらなくなってきたら牛乳をちょっとずつ入れてなめらかになるまで混ぜる。
最後にオリーブオイルを入れて混ぜ合わせる。
❸フライパンを強めの弱火に加熱し、温まったらお玉1杯分（約30ml）を入れる。
❹表面に気泡ができたらひっくり返し、裏面にも色がついたら完成。これを8枚焼く。

ティラミスパンケーキ

材料（2人分）

パンケーキ……4枚
【ティラミスクリーム】
プレーンヨーグルト……300g
牛乳……200ml
レモン汁……小さじ2
練乳……40g

【エスプレッソシロップ】
ブラックコーヒー……50ml
はちみつ……小さじ2
【飾り付け】
ココアパウダー……適量

Main

作り方

❶【エスプレッソシロップ】材料を耐熱ボウルに入れ、
ラップをせずに電子レンジ600Wで5分加熱する。
❷【ティラミスクリーム】プレーンヨーグルトを耐熱ボウルに入れ
ふんわりとラップして、電子レンジ600Wで2分30秒加熱する。
加熱後、5分放置する。
❸小鍋に牛乳を入れ、沸騰直前まで加熱し、火を止める。
レモン汁を加え、分離させる（分離が弱い場合は弱火で加熱する）。
❹キッチンペーパーを2枚ザルの上に重ねたら❷と❸を一緒に入れ、水気を切る。少し放置して粗熱を取る（完全に水分を絞らなくてOK）。
❺キッチンペーパーの端を持ち、ひっくり返してボウルに移す。そこに練乳を加えてホイッパーでよく混ぜる。
❻ザルなどを使って❺を一度こし、なめらかにする。
❼バットなどに❶のエスプレッソシロップを入れ、パンケーキの上面をつけて軽く染み込ませる。
❽皿にパンケーキを盛り、❻のティラミスクリームをのせ、ココアパウダーを振ったら完成！

おかず系！ビビンパンケーキ

材料（2人分）

パンケーキ……4枚
牛薄切り肉……100〜150g
キムチ……適量
卵……2個
【レンチンナムル】
もやし（または豆もやし）
……40g
ほうれん草……2株

A ┌ ごま油……大さじ1
　│ 鶏ガラスープの素
　│ ……小さじ1/2
　└ 塩……ひとつまみ

【韓国風ソース】
ごま油……大さじ1/2
しょうが（チューブ）……2cm
にんにく（チューブ）……2cm
豆板醤……小さじ2

B ┌ 味噌……大さじ2
　│ みりん……大さじ2
　│ 酒……大さじ1
　└ 砂糖……小さじ1

Main

作り方

❶【レンチンナムル】ほうれん草を水洗いし、水気を切らずに耐熱
皿にのせて、ふんわりラップをして電子レンジ600Wで1分加熱する。
❷加熱したら水を入れたボウルにほうれん草を入れて粗熱を取る。
❸ひげを取ったもやしとAを耐熱ボウルに入れ、よく混ぜ合わせたらふんわりとラップをして電子レンジ600Wで1分加熱する。
❹❷のほうれん草の水気を切り、5cm幅に切ったら❸と合わせる。
❺牛肉は塩、こしょう（分量外）で味付けして焼く。キムチは軽く水分を拭き取る。目玉焼きを2枚焼く。
❻【韓国風ソース】Bをボウルに合わせる。
❼フライパンにごま油を入れ、しょうが、にんにく、豆板醤を入れて弱めの中火で加熱する。
❽炒め合わせたらBを入れ、全体を混ぜ合わせる。
❾パンケーキをお皿に盛りつけ、❹の【レンチンナムル】、❺の牛肉、キムチ、目玉焼き、❽の【韓国風ソース】を添えたら完成！

PLAY BACK ≫ SEASON 4

🎬. EPISODE 1
強めの"賢志郎ポイント"！
「かに玉ひっくり返すな！」（川西）
(2019.1.21)

冒頭から、バラエティ番組で川西さんが木村拓哉さんと共演したことが話題に。そこで、ドラマ『あすなろ白書』の名シーンを水田さんが再現。うしろから川西さんを抱きしめるという"あすなろ抱き"をして、コメント欄はファンの悲鳴の嵐！

天津あんかけ焼きそばをひとくち食べて「めっちゃうまーい」と水田さん、立ち上がって"うまダンス"。じつは天津を器に盛りつける時、麺の上にスライドさせずにひっくり返してしまい、裏表が逆になってしまうプチハプニングが。この回の"賢志郎ポイント"は「かに玉ひっくり返すな！」（川西）でした。

🎬. EPISODE 2
"ツッコミ界のヒョウ"川西さんの
新エプロンはヒョウ柄ポケット！
(2019.1.28)

新しいエプロンのお披露目からスタート。

川西「和牛キッチン、オリジナルエプロンが完成しました！」
水田「やったー！ 助手 水田信二って入れてくれてるー！」
川西「やったー！ シェフ 川西賢志郎って入れてくれてる！」
水田「（川西さんのヒョウ柄の）ポケットかわいい。"ツッコミ界のヒョウ"といわれてるからやんか！」
川西「そんなダサい異名ついてた、俺？」

その後、川西さんが水田さんにエプロンをつけてあげる微笑ましいシーンも。コンビ愛全開！
新エプロンでご機嫌の2人。ヒョウ柄の話から、あゆや倖田来未のモノマネタイムに突入。さらに芸人仲間のアインシュタイン・河井ゆずるの"ゆず立ち"や、和牛が『週刊朝日』の表紙になったときに巷をざわつかせた水田さんのポーズ"水反り"までを披露しました。

最後は、川西さんの誕生日を祝うケーキが登場！

水田「川西さん、誕生日おめでとうございます！」
川西「（ケーキを見て）俺の好きなもん全部のってる。釣り、ヒートテック、ラグビー、ボイン、相方！ 好きなもん全部のってるー♡ 35歳、ありがとうございます」

ちなみにこのケーキのレシピの問い合わせが多く、後日アプリに公開されました。

🎬. EPISODE 3
愛媛県の伊予観光大使&応援隊長が
PR動画『疲れたら、愛媛。』を初披露！
(2019.2.15)

愛媛県のPR動画『疲れたら、愛媛。』の配信直後ということもあり、のっけから盛り上がる2人。

水田「じつは水田が愛媛の観光大使なんです。川西が全国初の、観光大使応援隊長で」
川西「めでたいことに愛媛県のPRの動画に抜擢されて。曲はカラオケにも入るんじゃない？」
水田「入ったらええで〜」
2人「♪いやよいやいや〜近づかないで〜」

さらに、この時期勉強を頑張る受験生に向けて。

水田「これまで頑張ったことは嘘をつきません。落ちても受かっても、あなたを応援してきた人はこれからもあなたを応援するでしょう。頑張ってください。お上手ぅ！……違うの？」
川西「やることやったんやから、自信持って。弱気とか、もうええわ」
水田「出たねぇー」

🎬. EPISODE 4
祝・1周年♡ スペシャルゲスト濱家さんが
○○○を着て登場！
(2019.3.26)

『和牛キッチン』1周年をお祝いし、スペシャルゲスト、かまいたちの濱家隆一さんが登場。川西さんを真似て、なんとヒートテックで現れるというサプライズに、スタジオも視聴者も大爆笑！

濱家「ごめん、きょう衣装忘れてヒートテックで！」
水田「観てるねー！」

恒例の"血管タイム"に入ると。

濱家「血管西？」
川西「ちょっとだけ間違ってる……」
濱家「血管タイーム！」
水田「♪どっくんどっくんどっくんどっくん血管ターイ

ム！」
濱家「血管ターイム」
水田「僕は赤血球」
濱家「僕は白血球」
水田「血管ターイム」
川西「……助手2人もいらんな」

卵を2個パカパカもこの日は、川西さん×濱家さんコンビのスペシャルバージョンでした！

🎬 EPISODE 5
卵を2個パカパカに飽きた視聴者に
逆ギレした2人、パカパカ封印!?
(2019.4.5)

たまねぎを切りながら水田さんが口ずさんだのは、恒例の『親子丼の歌』。

水田「♪もも肉をひとくち大に切り〜」
川西「嘘やと思ってるやろ、（親子丼の歌）ほんまにあるんやで」

その後、卵を2個パカパカに事件が勃発！

2人「卵を2個パカパカ〜！」
水田「♪ずずんずんずずん、一番大事なポイント〜」

川西「みんなが飽きとる！　もう卵が出てきても使いません。やりません」
水田「みんなのせいでーす！」
川西「卵とじ出てきてもとじません！」

🎬 EPISODE 6
料理をしながら歌いまくる水田さん。
難易度0の曲名当てクイズも！
(2019.4.9)

突然、歌い出す水田さん。

水田「♪ア ウォーク インンザッパ〜」
川西「安室ちゃん大好きやもんな。でも、料理に向いてないな」
水田「♪ふふっふん、ふーんふーんふーんふーん」
川西「クイズ始まってるよ。みんなこれの曲名わかる？」
水田「♪ア ウォーク インンザッパ〜」
川西「結局それな！」

水田「♪突然の風に吹かれて〜」
川西「みんなわかる？　さあ正解は」
水田「『突然』」
川西「お前ゆっちゃってんのよ、歌詞で」

それでも料理ポイントはしっかり抑える2人。

川西「今日はぶどうジュースを使うことで、黒酢風になるねんって」
水田「黒酢はあまったらあれやけど、ジュースならあまっても飲めるやん」

ワンポイントも飛び出しつつ、水田さんの歌が満載の回でした。

🎬 EPISODE 7
『和牛キッチン』は腕毛込みでやってます！
(2019.4.29)

GWバージョンの卵を2個パカパカを披露したあと、ホットケーキの生地を混ぜる水田さんの腕毛にカメラが迫り「腕毛ターイム！」と川西さん。

水田「料理見たいねんって苦情くんねん、やめて」
川西「（腕毛イヤとか）そんなやつは他のチャンネル行けー、うちは腕毛込みでやってます」
水田「やってません（笑）」

最後は水田さんの誕生日を祝うケーキが登場。ケーキには水田さんが大好きなお菓子、エコルセの巨大バージョンと愛媛のみかんをトッピングし、水田さん大よろこび！

🎬 EPISODE 8
漫才スイッチのまま
悪魔と天使の水田さんが登場！
(2019.5.12)

レシピ名にちなみ、悪魔と天使に豹変する忙しい水田さん。

川西「今日は“悪魔の”っていうね、もうヤミツキになっちゃうやつ作りますね」
水田「しょうゆとみりんだぁ、この2つ混ぜてやろうか。そしてにんにくと和風の顆粒だしだぁ。ほうら、こぼしちまったぞぅ。さあ漬けるがいい。悪魔の影が見守ってやろう」

続いて、「ふっわふわ！ 天使のたまご焼き」作りへ。

川西「なんで天使かゆーとふわーっとしてるんやって。今回、はんぺんを使います」
水田「優しく潰してあげてね。天使だから」
川西「あれ可愛い、あなたはダレですか？」
水田「私は“はんぺんし”。はんぺんの子と書いて」
川西「へえ。じゃあ君が大きくなったらはんぺんになるんかい？」

ルミネの劇場終わりの配信で、漫才スイッチが入ったままテンション高めの2人でした。

FAN ART

@koushi_chan_w

「和牛キッチンの後ろ姿、川西さん最高なのよ」

FAN ART

@tsurumi32_2_pop

「とても印象に残った血管ぼこぼこの歌を描きました」

RECIPE LIST

隠し味の四天王！

絶品夏野菜カレー

RECIPE 51

夏野菜カレー

RECIPE 52

夏野菜のうまみまみれ

🍲 **RECIPE POINT**

✓ **RECIPE 51** にんにく、ラズベリージャム、梅干し、バター
ルウを使ったいつものカレーも
4つの隠し味を入れればコクうま！

✓ **RECIPE 52** オクラ・トマト・きゅうりを
とろろ昆布で和えたシンプルだけどやみつきになる副菜です。

ビビビビビ
ビビビ！
ビビ――!!
（掃除機のマネ）

夏野菜カレー

材料（2人分）

トマト（小）……2個
たまねぎ……1/2個
パプリカ（黄）……1/2個
なす……1本
ズッキーニ……1/2本
豚バラ薄切り肉……150g
サラダ油……大さじ1

にんにく……2片
ラズベリージャム……大さじ1
梅干し（大）……3個
バター……10g
水……300ml
カレールウ……4片
ごはん……2人分

Main

作り方

❶パプリカ、なす、ズッキーニ、たまねぎは1cm角に切る。トマトはヘタを取り、ヘタと逆のほうに十字に切り込みを入れる。
❷にんにくをみじん切りにする。梅干しの種を取り除き、包丁で叩く。豚肉は4cm幅に切る。
❸フライパンにサラダ油、にんにくを入れ弱火で炒め、にんにくの香りが出てきたらラズベリージャムと叩いた梅干しを入れる。
❹火力を中火にし1分ほど炒め合わせたら、耐熱ボウルに取り出す。
❺同じフライパンに豚肉を入れ、中火で炒める。肉に火が通ってきたらたまねぎを入れ、
透き通ってきたら切った野菜を全て入れて炒める。
❻野菜に火が通ったら取り出した❹のジャムと梅干し、水を入れて混ぜ合わせ、
トマトの十字の切り込みを入れたほうを上にして入れて煮立たせる。
❼ひと煮立ちしたら蓋をして弱めの中火で5分煮込む。カレールウを細かく刻む。
❽5分経ったら蓋を開けてカレールウを加え、再度ひと煮立ちさせ、火を止める。仕上げにバターを入れて混ぜ合わせたら完成！

Side

うまさがからみつく！
夏野菜のうまみまみれ

材料（2人分）

オクラ……4本
トマト（小）……1個
きゅうり……1/2本
とろろ昆布……3g

A
┌ しょうゆ……小さじ1/2
│ レモン汁……小さじ1/2
│ 顆粒和風だしの素……ひとつまみ
└ 塩……ひとつまみ

作り方

❶オクラのヘタとガクの周りを包丁で取り除く。
包丁か爪楊枝で数箇所穴を開ける。塩をふたつかみ程度（分量外）入れたお湯で1分ほど茹で、陸上げし粗熱を取る。
❷きゅうりを手で漬してから、乱切りにする。トマトを0.5cm角に切る。
❸粗熱が取れたオクラを薄切りにする。
❹野菜を全てボウルに入れ、**A**を入れて混ぜ合わせる。
❺とろろ昆布を入れて軽く混ぜ合わせたら完成！

Wagyu kitchen
★★★

チーズライスでサンド！

タコライスバーガー

RECIPE❸	RECIPE❹
タコライスバーガー	ジーマミー豆腐

🍲 **RECIPE POINT**

✓ **RECIPE❸**沖縄グルメのタコライスをライスバーガーに！
卵とチーズで和えたライスでタコスミートを
たっぷりサンドしていただきます。

✓ **RECIPE❹あら不思議！**沖縄名物のジーマミー豆腐が
ピーナッツバターと豆乳、片栗粉でつくれる夢のレシピ。
冷やしたたれと召し上がれ♪

厳しいなぁ

タコライスバーガー

材料（2人分）

レタス……1枚	【タコスミート】
トマト……1/4個	合いびき肉……100g
アボカド……1/4個	たまねぎ……1/4個
マヨネーズ……大さじ1	サラダ油……小さじ2
【ライスバンズ】	にんにくすりおろし……小さじ1/2
ごはん……300g	しょうがすりおろし……小さじ1/2
卵……1個	ウスターソース……大さじ2
ピザ用チーズ……大さじ4	ケチャップ……大さじ1
塩……少々	味噌……小さじ1
こしょう……少々	こしょう……小さじ1/4
サラダ油……少量	

Main

作り方

❶たまねぎはみじん切り、レタスは食べやすい大きさにちぎり1cm幅に切る。トマトとアボカドは1.5cm角に切る。
❷【タコスミート】フライパンにサラダ油を中火で熱し、にんにくとしょうがを炒める。
❸にんにくの香りがしてきたら、たまねぎを加え透明になるまでしっかり炒める。
❹合いびき肉を加え、ほぐしながら炒める。
❺肉の色が変わったらウスターソース、ケチャップ、味噌、こしょうを加え、全体がなじむまで炒めたら火を止める。
❻【ライスバンズ】ボウルに卵を割りほぐし、ごはん、ピザ用チーズ、塩、こしょうを加えて混ぜる。
❼フライパンを中火で熱し、サラダ油を薄くひく。ごはんを1/4量ずつスプーンなどで10cmくらいの円形にのばす。
❽3分くらい焼き、少し焼き色がついたら裏返し、裏面も同様に焼く。
❾バーガーラップに❽のライスバンズを1枚入れ、その上にレタスの1/2量をのせる。
❿ライスバンズの上にタコスミート、トマトとアボカドを半量ずつのせる。
⓫最後にマヨネーズをかけ、ライスバンズで挟んだら完成！

ピーナッツバターでできる！ ジーマミー豆腐

材料（2人分）

【ジーマミー豆腐】	【たれ】
豆乳（無調整）……200ml	しょうゆ……大さじ1
ピーナッツバター（粒なしタイプ）	みりん……大さじ1
……大さじ2	砂糖……小さじ2
片栗粉……小さじ4	

Side

作り方

❶【ジーマミー豆腐】ピーナッツバターは常温で柔らかくしておく。
❷小鍋にピーナッツバターと片栗粉を入れて均一になるまで混ぜる。豆乳を少しずつ加え、よく混ぜてダマにならないようにする。
❸豆乳が全て入ったら鍋に火をかけ、中火にし、ヘラでかき混ぜながら加熱する。
❹とろみがついてきたら弱火にし、さらにかき混ぜる。もったりとしてきたら1分ほど混ぜ、火を止める。
❺水でサッと濡らした丸い器に、半量ずつ入れる。氷水を入れたバットに並べ、ラップをして冷蔵庫で約30分冷やす。
❻【たれ】耐熱ボウルにしょうゆ、みりん、砂糖を入れて混ぜ、ラップをせずに電子レンジ600Wで50秒加熱する。
❼取り出して砂糖が完全に溶けるまで混ぜ、冷ましておく。
❽冷えた❺のジーマミー豆腐を器に取り出し、❼のたれをかけて完成！
【ポイント】ジーマミー豆腐は片栗粉がダマになりやすいため、加熱している間はかき混ぜ続けるようにしましょう。

Wagyu kitchen
★★★

パリとろっ!

てりたまチキン

RECIPE 55	RECIPE 56
てりたまチキン	きのこみそ汁

🍲 RECIPE POINT

✓ **RECIPE 55** 電子レンジで作れるドライ大葉で彩りアクセント!
皮がパリっと、卵がとろっとしたてりたまチキンです。

✓ **RECIPE 56** きのこたっぷり!
とろろ昆布で旨味がアップしたシンプルなおみそ汁。
きのこは水から火にかけるのがポイントです。

おまえが怪我せん
ために俺はいうてんねん。
厳しいなぁじゃない、
指導してもらって
ありがとうございますやろ。
それが厨房で働く者の……

てりたまチキン

材料（2人分）

鶏もも肉（小）
……2枚（350～400g）
卵……2個
キャベツの葉……3枚
ミニトマト……4個
大葉……5枚
片栗粉……大さじ1

サラダ油……大さじ1
塩……少々
こしょう……少々

A
[しょうゆ……大さじ2
酒……大さじ2
みりん……大さじ2
砂糖……大さじ1]

作り方

❶キャベツの葉は千切りにし、水にさらす。
ミニトマトは半分に切る。
❷耐熱皿にキッチンペーパーを広げ、大葉を重ならないように
並べる。電子レンジ600Wで3分加熱し、パリパリに乾燥させて
ドライ大葉を作る。
❸鶏肉は余分な脂肪や筋を取り、分厚い部分には包丁を入れて
開く。
❹鶏肉に塩、こしょうを振り、片栗粉をまぶす。Aを混ぜ合わせる。
❺フライパンにサラダ油を入れ、中火で加熱する。卵を1個ずつ入れ、水を大さじ1（分量外）を入れてフタをし、蒸し焼きにする。
目玉焼きができたら取り出す。
❻同じフライパンで鶏肉を皮面を下にして中火で焼いていく。こんがりと焼き目がついたら裏返す。
❼鶏肉が両面焼けたら余分な油をキッチンペーパーでふき取り、皮面を上にしてAのたれを加える。
スプーンで鶏肉にたれをかけながら煮詰める。
❽たれにとろみが付いたら鶏肉を取り出し、食べやすい大きさに切る（皮面を下にして切ると切りやすい）。
❾お皿に水気をきった千切りキャベツとミニトマト、鶏肉を盛りつける。鶏肉の上に目玉焼きをのせる。
❿フライパンに残ったたれを上からかけ、仕上げにドライ大葉を砕きながらかけたら完成！
【ポイント】肉の厚さを均一にすることで火の通り方が均一になり、ジューシーな仕上がりになります。

Main

Soup

とろろ昆布でうまみをプラス！
きのこみそ汁

材料（2人分）

まいたけ……1/4パック（50g）
しめじ……1/4パック（50g）
長ねぎ……1/4本
水……300～400ml
味噌……大さじ2
顆粒和風だしの素……小さじ1
とろろ昆布……ふたつまみ

作り方

❶長ねぎは小口切りにする。まいたけとしめじは石づきを取り、
食べやすい大きさにほぐす。
❷鍋に水、顆粒和風だしの素、長ねぎ、きのこを入れて中火に
かける。沸騰したら火を止め、味噌を溶かし入れる。
❸お椀に入れ、とろろ昆布を中央に盛って完成！

＋ PLUS COOKING

チキンに合う！ きのこのゴロゴロタルタル

作り方

❶まいたけ（1/4パック）としめじ（1/4パック）は石づきを取り、
手でほぐして耐熱ボウルに入れる。
❷塩を全体にまぶしラップをせずに電子レンジ600Wで2分加熱する。
❸マヨネーズ（大さじ3）とからし（小さじ1/2～1）、小口切りにした青ねぎ（5本）をきのこ
が入ったボウルに入れ混ぜ合わせたら完成！

Wagyu kitchen
★★★

カルボナーラみたい！

濃厚かぼちゃグラタン

RECIPE 57	RECIPE 58
かぼちゃグラタン	ぺぺれんこん

🍲 RECIPE POINT

✓ **RECIPE 57** かぼちゃの濃厚ソースとホワイトソースがベストマッチ！
卵黄を落としていただくカルボナーラ風のグラタンです。

✓ **RECIPE 58** にんにく香るぺぺロン風のれんこんの炒めもの。
ドクロの形にカットすれば可愛いハロウィンおかずになります。

次はコスプレして
渋谷歩くの？

次 "ぱって
なんやねん、
やってるかぁ！

かぼちゃグラタン

材料（2人分）

かぼちゃ……100g	ピザ用チーズ……適量
牛乳……130ml	イタリアンパセリ
スライスベーコン（ハーフ）	（またはパセリ）……適量
……4枚	A ┌ バター（無塩）室温に戻す
マカロニ（3分茹でタイプ）	│ ……10g
……100g	└ 薄力粉……大さじ1
たまねぎ……1/2個	B ┌ 塩……ふたつまみ
オリーブオイル……小さじ2	│ 顆粒コンソメ
粗びき黒こしょう……適量	└ ……小さじ1/2
卵黄（または全卵）……2個分	

Main

作り方

❶かぼちゃの皮をピーラーまたは包丁で取り除き、一口大に切る。
❷❶のかぼちゃを牛乳と一緒に耐熱ボウルに入れ、ふんわりとラップをして電子レンジ600Wで4分加熱する。
❸Aをボウルに入れてゴムベラでよく練っておく。たまねぎは繊維に沿って薄切りに、ベーコンは短冊切りにする。
❹❷の加熱後すぐにホイッパーでかぼちゃの粒が少し残る程度まで崩すように混ぜる。
❺合わせたAと、Bを❹のボウルに入れ、ホイッパーでよく混ぜ合わせたら、切ったベーコンを入れる。
❻❺にふんわりとラップをし電子レンジ600Wで2分加熱し、よく混ぜ合わせたら、盛りつけるまでラップをしておく。
❼1Lのお湯を沸かし、塩を小さじ1と1/2（分量外）入れて溶かす。沸騰したところにマカロニを入れ、3分茹でる。
❽マカロニの茹で時間が残り30秒になったら、たまねぎを入れてマカロニと一緒に茹でる。時間になったらザルにあげて水気を切り、ボウルに入れる。
❾❽にオリーブオイルと粗びき黒こしょうを加えて、全体を混ぜ合わせグラタン皿に入れる。
❿マカロニの上に❻のソースをかけ、真ん中に少しくぼみを作り、卵黄を1個ずつ落とす。
⓫ピザ用チーズをかけたらトースターで焼き色がつくまで焼く。
⓬仕上げに刻んだパセリと粗びき黒こしょうをかけたら完成！

Side

ドクロも可愛い！ ぺぺれんこん

材料（2人分）

れんこん……1節（160g）
にんにく……1片
赤唐辛子（輪切り）……ひとつまみ
オリーブオイル……大さじ1/2
塩……ふたつまみ
砂糖……少々
イタリアンパセリ（またはパセリ）……1本
【飾り用】
イタリアンパセリ（またはパセリ）……適量

作り方

❶れんこんを皮付きのまま0.5〜1cmの間くらいの厚さに切る。酢水（分量外）につけておく。
❷イタリアンパセリを1枝分みじん切りにする（約小さじ1杯分）。にんにくもみじん切りにする。
❸れんこんの水気を切り、1人につき2〜3枚ドクロの形を作る。削られた部分も一緒に炒めるため取っておく。
❹フライパンにオリーブオイルをひき、にんにくのみじん切り、赤唐辛子を入れて弱めの中火で加熱する。
❺温まったら、れんこんを入れてじっくり炒める。焼き色がついたらひっくり返し、両面にしっかりと焼き色をつける。
❻最後に塩、砂糖、刻んだパセリを加えてさっと混ぜ合わせたら飾り用のパセリと一緒に盛りつけて完成！

➕ PLUS COOKING

ちょい足し！ れんこんチップス

作り方

❶水にさらしてアク抜きしたれんこん（5cm程度）を1〜1.2mm厚さにスライスする。
❷切ったれんこんはキッチンペーパーなどでしっかりと水気を拭き取り、ラップを敷いた耐熱皿に重ならないように並べる。
❸塩（少々）ふり、ラップをせずに電子レンジ600Wで3分ほど加熱する。ひっくり返して2分加熱したら粗熱をとり完成！
❹グラタンにトッピングしても、そのまま食べても美味しく召し上がれます。

PLAY BACK >>> SEASON 5

🎞 EPISODE 1
体できゅうりを潰す水田さん、そして "血管タイム" にドーピング疑惑!?
(2019.7.4)

川西「オクラを切ります。(ヘタの部分のことを) ガクっていうんやね」
水田「それぐらい知っててくれてると思ったけど、へこむわ〜」
川西「ガクっ」
水田「すまんな、寒いな」

きゅうりに体重をかけて手で潰す工程で、なかなか潰せない川西さん。それを見た水田さんが「どけどけ、体重が軽いなぁ。こういうときのために、わしの体型があんのや」と、きゅうりをあっさり潰します。「かっこええなぁ。(水田くんは) きゅうり潰すために太ってたんだって」(川西)

ちなみに水田さん、「俺、将来自分の家に、ちゃんとした鉄板を入れるのが夢」なんだそう。さすが、元料理人のこだわりぶり! そして、川西さんが梅干しをフライパンから出す時、"血管タイム" にドーピング疑惑発覚!?

水田「ああっ! 探そう。ここーっ! こことここ! 血管タイム」
川西「痛〜っ。(水田が) 腕、絞ってるからね。絞ったらドーピングですからね!」

🎞 EPISODE 2
"突然" スイッチが入る水田さん 当然、歌い出しました (笑) ♪
(2019.7.23)

この配信から "スタジオ観覧モード" がアプリに追加。画面の切り替えをするだけで、キッチンの端から端まで、160度映せて観ることができる、ゴールド会員限定のカメラです。手はじめに水田さんが右に左に動き回り、視聴者がスタジオ観覧モードで水田さんを見つけるという "水田探しゲーム" がスタート。合間に視聴者からのハートスタンプを、水田さんがジェスチャーでつかんで食べるキュートなパフォーマンスも! 「ゴールド会員の方、ぜひやってみて」(川西)、「切り替えられるのがいいね」(水田)。

早速料理に取りかかる2人。アボカドを手にのせて切る川西さんを見て、心配で気が気じゃない水田さん。ついお母さん口調に……。

水田「もぉ、あんた、下皮ないんやから気いつけや」
川西「なんでお母さん」
水田「お母さんゆうたけど、あんた好きなようにしなさい」
川西「お母さん大変やな」

続いてひき肉を炒めながら視聴者の質問に答えつつ、実家のエピソードを語る水田さん。料理のワンポイントも。

水田「味噌は麦味噌でもいいですか?って質問がきていますが……愛媛県の実家のおみそ汁は麦味噌でした」
川西「おみそ汁で麦味噌はめずらしいな」
水田「ちなみにこのタコライスの具ですけど、冷めたら水分が消えるから、これぐらいしゃばしゃばでもOKです」

ジーマミー豆腐作りでは、突然とろみが出始めるという注意ポイントが気になる2人。

川西「『ある瞬間にとろみ出ますで』って、(事前の説明で) 言われました」
水田「いまはまだしゃばしゃばやけどね…あ、きた!」
川西「ほんまやわ。突然きたわ!」
水田「♪突然の風に吹かれて、夢中で何かを探し〜」

"突然" というワードを聴くと、もう黙っていられない水田さん。やっぱりこの曲を歌っちゃいました。

🎞 EPISODE 3
ファンがスクショの嵐!? 川西さんのコンタクトがずれる事件
(2019.9.12)

川西「さあ、鶏の下処理かな」
水田「細かい筋とか、コリっとしたのとか、軟骨とか入ってんのイヤやねん。下処理は結構、神経質にやりたいな」
川西「端っこのこういうの (皮) も気になるんでしょ?」
水田「そういうのも切って欲しいねん。かといって焼き鳥の皮は好きやねん」

この日も、鶏肉の下処理にこだわり全開の水田さん。そのうち、川西さんの腕に、いくつかのほくろを発見して……。

水田「腕にカシオペア座あるから見て」
川西「どーでもいいな、やめて」

さらに、川西さんの手の甲の、筋の上に血管がのってドクドク脈打つシーンでは「うわー気持ち悪い!」と騒ぐ水田

さん。そうこうしているうちに、川西さんのコンタクトに
ハプニングが。

川西「ちょっと……なんか（目に）入ったな。まつ毛やな。
（しばらくコンタクトを直して）復活〜！」
水田「ファイトー！」
川西「ふっかーつ！」

川西さんがコンタクトを直すレアなシーンは多くのファン
がスクショに残し、SNSでも話題に！

🎬 EPISODE 4
パンプキン水田とデビル川西
レアキャラ "肩ちゃ" も登場！
(2019.10.29)

ハロウィンを目前にしたこの日、もちろん和牛の2人もコ
スプレに挑戦。川西さんはデビルの帽子、水田さんはパン
プキンの帽子にマントをつけて登場しました。

川西「（水田くんの仮装が）ちょっとやりすぎてんのよ。ハ
ロウィン仕様なんやけどね、いいけど、料理できる？」
水田「僕、助手なんで」
川西「それ、助手も放棄した時の格好やからね」

視聴者が前回配信分の料理を作ってツイッターに投稿した
ものを紹介したあと、映像がスタジオに戻ると、今度はエ
ンジェルの羽根をつけていた水田さん。

川西「あれ？　どなたですか？」
水田「パンプキンエンジェル♡」
川西「そんな羽根もあったんやな。パンプキンエンジェル
さん、もう1通あります」
水田「お読みなさい」

視聴者の投稿を紹介し読み上げる川西さん、再び映像がス
タジオに戻ると……。

今度はブラックの羽根にチェンジした水田さんが！

川西「お前は誰や」
水田「デビルパンプキン」
川西「デビルパンプキンやったんか、もうええわ！　おま
え、むちむちゃんけ！」

料理をする川西さんの横で、いろんなコスプレをはじめる
水田さん。

川西「肩のうえになんかおる」
水田「かぼちゃかと思ったら、"肩チャ"」
川西「おいおい、かぼちゃが肩にかぼちゃのせてかぼちゃ

切ってるで」
水田「『ごめんよぉー仲間たちごめんよー』」
川西「お前今日、めちゃめちゃ "かぼちゃ" やんか。食べ
るからね最後」

ドクロ型れんこんを作るシーンでは、水田さんの決めセリ
フが登場！

川西「（れんこんを）ドクロの形に切りましょう。ドクロを
探してね。これなんかどう？　ガイコツ（切って）なんとな
くなってきたな」
水田「あ、可愛いね。お上手！」
川西「使わなかった（切れ端）部分も、あとで切って炒めて
使いますから」

いよいよ出来上がったかぼちゃグラタンとぺぺれんこんを
試食。

2人「ハッピーハロウィーン！」
川西「いただきます。フーっ！　ハッピーハロウィーン」

ひとくち食べて叫ぶ川西さんの口を水田さんが隠し、続い
て水田さんも食べると……。

水田「んー！　ハッピーハロウィーン！」

今度は水田さんの口を川西さんが隠す仲良しっぷりでした。

「水田さんがたくさんつけてくれた"かたちゃ"と川西さんが"かわぁいい〜"といっていたれんこんドクロも描きました」

【SEASON】

6

RECIPE LIST

コンポタトルティーヤで **メキシカンタコス**

- -

天津がスープに変身! **具だくさん天津スープ**

- -

生クリームなしでコクが出る! **味噌ボナーラ**

- -

コンポタトルティーヤで

メキシカンタコス

メキシカンタコス

🍲 RECIPE POINT

✓ **RECIPE㊾メキシコ料理の定番！**
タコスがお家でも食べられるお手軽レシピに。
トルティーヤはコーンスープの素を使えば本場風の味わいに！

保温、
ほしつぅ〜

ほか

ほか

メキシカンタコス

材料（2人分）

【メキシカンチキン】
鶏もも肉……1枚（280～300g）
塩……少々
こしょう……少々
オリーブオイル……大さじ1/2
A ┌ オレンジジュース……100ml
　│ ケチャップ……大さじ1
　└ 顆粒コンソメ……小さじ1

【トッピング】
サーモン（生食用）……100g
ボイルえび……8尾
レタス……1/4個
トマト……1/2個
たまねぎ（または紫たまねぎ）
……1/4個
アボカド……1/2個
きゅうり……1/2本
スライスチーズ……2枚
（チェダーまたはプレーン）

【タコスミート】
牛ひき肉……100g
たまねぎ（または紫たまねぎ）
……1/4個
ケチャップ……大さじ2
ウスターソース……大さじ1
塩……少々
こしょう……少々

【ツナワカモレ】
ツナ缶……1缶
アボカド……1/2個
マヨネーズ……大さじ2
にんにく（チューブ）……2cm
わさび（チューブ）……1cm
オリーブオイル……大さじ1

【トルティーヤ・4枚分】
コーンスープの素……1袋
牛乳……180ml
オリーブオイル……大さじ1
薄力粉……100g
片栗粉……大さじ1

Main

作り方

① **【メキシカンチキン】** 鶏肉に塩、こしょうを振る。
② オリーブオイルをひいたフライパンを弱めの中火で加熱し鶏肉を皮面から焼く。皮面がカリカリになったらひっくり返す。
③ ②にAを加え、弱火にし、蓋をして5分煮込む。ひっくり返し、蓋を外して5分煮込んだら粗熱を取る。
④ **【タコスミート】** タコスミートのたまねぎをみじん切りにする。
⑤ ④とタコスミートの残りの材料を耐熱ボウルに入れ、スプーンでよく混ぜ合わせる。
⑥ スプーンの背で平らに伸ばしたらふんわりとラップをし、電子レンジ600Wで5分加熱したらよく混ぜ、粗熱を取る。
⑦ **【ツナワカモレ】** アボカド以外のツナワカモレの材料をボウルに入れ、ホイッパーでよく混ぜ合わせる。
⑧ ⑦にスプーンで一口大くらいにすくいながらアボカドを加え、軽く混ぜ合わせる。
⑨ **【トルティーヤ】** 材料を全てボウルに入れてホイッパーで混ぜ合わせる。
⑩ フライパンにサラダ油（分量外）を薄くひく。中火にし温まったら、合わせた⑨をお玉1杯ずつ焼いていく。
⑪ 両面に焼き色がついたら取り出し粗熱を取る（乾燥しないようラップをかけておく）。
⑫ **【トッピング】** たまねぎをごく薄切りにし、水にさらす。レタスは千切りにする。
⑬ トマト、アボカド、サーモンを8mm程度の薄切りにする。きゅうりは斜めの薄切りにする。
⑭ スライスチーズは、2等分にする。
⑮ ③のメキシカンチキンをそぎ切りにし、全材料を盛りつけたら完成！　お好きな具材を包んでお召し上がりください。

+ PLUS COOKING

余った食材で! 和風サルサソース

作り方

① トマト（1/2個）、きゅうり（1/2本）、たまねぎまたは紫たまねぎ（1/4個）を0.5cm角に切る。
② 切った野菜とメキシカンチキンを煮込んだソース（大さじ3）と穀物酢（大さじ1）、柚子こしょう（小さじ1）、塩とこしょう（少々）をボウルに入れる（メキシカンチキンを煮込んだソースがない場合は、ケチャップ（大さじ2）を入れる）。
③ 全体をスプーンで混ぜ合わせたら完成！トルティーヤにトッピングしてお召し上がりください。

天津がスープに変身！

具だくさん天津スープ

RECIPE⑥⓪

具だくさん天津スープ

RECIPE⑥①

回鍋肉風おにぎり

🍲 RECIPE POINT

✓ RECIPE⑥⓪中華の定番・天津飯をスープにアレンジ。
もやしやにら、きのこ、そしてふわとろ卵と具だくさん！
メインになるスープです。

✓ RECIPE⑥①中華の定番・回鍋肉をおにぎりに！
味噌や豆板醤で味付けした具材を
ごはんに混ぜるだけでできる、ごちそうおにぎりです。

もうええわ！

具だくさん天津スープ

材料（2〜3人分）

もやし……1/2袋（100g）
にら……1/3束
えのきだけ
……1/3パック（65g）
生しいたけ……2個
ごま油……大さじ1/2
水……500ml
穀物酢……大さじ1
【お好みで】
青ねぎ……適量
ラー油……適量
穀物酢……適量

A
- 卵……4個
- かにかま……4〜6本
- ごま油……大さじ1/2
- 塩……ひとつまみ
- こしょう……少々

B
- 酒……大さじ1
- しょうゆ……大さじ1と1/2
- 鶏ガラスープの素……小さじ2
- しょうが（チューブ）……2cm
- はちみつ……小さじ1

【水溶き片栗粉】
水……大さじ1
片栗粉……小さじ2

Main

作り方

❶にらを4cm幅に切る。えのきだけの石づきを取り、手でほぐす。

❷しいたけの軸を取り、薄切りにする。しいたけの軸は下の黒い部分を落として斜めの薄切りにする。

❸Aの卵をボウルに割り入れ溶いたら、かにかまを手で裂きながら入れ、残りのAの材料を加え、混ぜ合わせる。

❹小鍋にごま油をひき、中火で加熱する。温まったらしいたけ、えのきだけを入れて炒める。

❺しいたけ、えのきだけの水分が出てしんなりとしたらにらを加え、さっと炒める。

❻水、もやしを加え強火にする。ひと煮立ちしたらBを加え、再度沸いたら火を止める。

❼【水溶き片栗粉】を混ぜ合わせ、❻に入れる。再度加熱し、沸騰したら酢を入れ、軽く混ぜる。

❽❼に❸を入れて10秒ほど火にかけ、蓋をし火を止める。2〜3分蒸らして卵に火を入れる。
（半熟が苦手な方は、❸を入れたあと菜箸で軽くかき混ぜてから火を止め、蓋をしてください）

❾器に盛りつけ、青ねぎ、ラー油をかけて完成！ お好みで穀物酢を足しながらお召し上がりください。

Side

人気の中華おかず、
ごはんと一緒に握っちゃう！
回鍋肉風おにぎり

材料（小4個分）

ごはん……250g
豚こま切れ肉……100g
キャベツの葉……1枚
ピーマン（小）……1個

A
- 塩……少々
- 粗びき黒こしょう……少々
- 酒……大さじ1
- しょうゆ……小さじ1と1/2
- 味噌……小さじ1と1/2
- 砂糖……小さじ1/2

B
- ごま油……大さじ1/2
- 豆板醤
- ……小さじ1/8〜1/4
- にんにく（チューブ）
- ……1cm

作り方

❶ ピーマンを縦に2等分にした後、横にして細切りにする。豚肉を細切りにする。

❷ ❶とAをボウルに入れ、よく混ぜ合わせたら5分漬ける。

❸ キャベツを千切りにする。

❹ 小さめのフライパンにBを入れて弱めの中火で加熱する。

❺ にんにくの香りがしてきたら、すぐに❷をたれごと加えて豚肉に火が入るまで炒める。

❻ ごはんをボウルに入れ、キャベツ、❺を加えてよく混ぜ合わせたら4等分にしてラップに包み、三角形に握ったら完成！

Wagyu kitchen
★★★

生クリームなしでコクが出る！

味噌ボナーラ

RECIPE(62) 味噌ボナーラ

RECIPE(63) スパニッシュオムレツ

RECIPE POINT

✓ RECIPE(62) 野菜たっぷり！ 卵を使わず味噌で作る濃厚なクリームソースは失敗知らず。
また、使う味噌を変えれば色々な味が楽しめます。

✓ RECIPE(63) 菜の花をたっぷり使った春のスパニッシュオムレツ！
食材3つに味付けは塩だけでOK 。
しらすを入れるとうま味がアップします。

味噌ボナーラ

材料(2人分)

スパゲッティ……160g	味噌……小さじ3〜4
スライスベーコン……2枚	粗びき黒こしょう
たまねぎ……1/2個	……小さじ1/2
スナップえんどう……8本	【トッピング】
アスパラガス……4本	粗びき黒こしょう
薄力粉……小さじ1	……お好みで
オリーブオイル……大さじ2	
牛乳……300ml	
粉チーズ……大さじ4	

Main

作り方

❶ベーコンは1cm幅に切る。たまねぎは薄切りにし、スナップえんどうは筋を取る。

❷アスパラガスは固い根元を1〜2cm切り落とす。下1/3の皮をピーラーでむき、3cm幅の斜め切りにする。

❸鍋に水1.5L(分量外)を入れ、沸騰させる。塩大さじ1(分量外)とスパゲッティを入れ、袋の表示より1分短めに茹ではじめる。

❹フライパンにオリーブオイルを入れて中火で熱し、ベーコン、たまねぎを炒める。

❺たまねぎがしんなりしてきたら、弱火にする。薄力粉をふり入れ、粉っぽさがなくなるまで全体にからめる。

❻❺に牛乳を少しずつ加えて混ぜる。強めの中火にし粉チーズ、味噌、粗びき黒こしょうを入れ、とろみがつくまで加熱する。

❼スパゲッティが茹で上がる1分前になったら、アスパラガス、スナップえんどうを❸の鍋に入れ、一緒に茹でる。

❽❼をザルに上げて❻のフライパンに加え、手早くソースを全体にからめる。器に盛り、お好みで粗びき黒こしょうをふったら完成！

Side

しらすと菜の花で和風♪
スパニッシュオムレツ

材料(15cmのフライパン1台分)

卵……4個
菜の花……1束
しらす……30g
塩……小さじ1/8
オリーブオイル……大さじ2

作り方

❶鍋にたっぷりのお湯、塩を大さじ1(分量外)を入れて菜の花を茹で、冷水で冷やす。しっかり水気をきったら1cm幅に切る。

❷ボウルに卵を割り入れ、しっかり溶いたらしらす、塩を入れ混ぜ❶の菜の花を加えさらに混ぜる。

❸フライパンにオリーブオイルを入れて中火で熱し、❷を流し入れる。菜箸で全体に大きくかき混ぜながら焼く。

❹❸の卵が半熟状になったら大きめの皿(またはフライパンの蓋)に滑らせるように取り出す。

❺❹の皿の上からフライパンをかぶせしっかりと押さえながらお皿をひっくり返し、卵をフライパンに戻す。

❻フライパンに戻し入れたら、ときどきフライパンを揺すりながら1分ほど焼く。

❼卵が固まりこんがりと焼き色がついたら、火からおろし少し置いてから滑らせるようにして取り出す。
6〜8等分に切り、器に盛り完成！

PLAY BACK >>> SEASON 6

🎥 EPISODE 1
『M-1グランプリ』準決勝後の配信回は、クリスマス仕様でお届けしました！
(2019.12.5)

お決まりのオープニングのあいさつの前には、こんなやりとりが。

川西「あ、M-1に負けた衝撃でぼーっとしてしまった」
水田「みなさん泣いてますか。泣きながら観ていますか」
川西「重々しくすな！」
水田「3日前から片目が充血しています。コレは『東京喰種 トーキョーグール』(漫画)を読んでいるからじゃないかと思います」
川西「僕は僕で、めばちこできててね。でも元気でやっております」

クリスマス仕様のセットに置いてあった、サンタの帽子がついたカチューシャをつけた水田さん。

水田「サンタでーす。(続いてトナカイの角のカチューシャもダブルでつけて) 夏の間にトナカイ食べちゃったサンタでーす」

手際よくタコライスを作りながら、フライパンで焼いている鶏肉を裏返すときは、ジャックバウアーさながらの"川西バウアー"が登場。さらにレンチン師範も飛び出して、にぎわうコメント。次に、トルティーヤを作るために、生地をお玉1杯すくってフライパンに流し込む川西さん。

水田「上手やん……(かなりためて)お上手！」
川西「さっさと出せや」
水田「借金取りやんけ！」

コメントでもファンから「お上手がおそっ！」などと突っ込まれつつ、ゴールド会員限定の160度カメラで、"川西を探せゲーム"がスタート。

川西「川西を探せスタート！」
水田「♪ティティンティンティティンティン(×4) 川西！」

最終的に、160度カメラに収まらない場所に行ってしまい、見えなくなるというお茶目な川西さんでした。

🎥 EPISODE 2
かつてのトークライブのこと、そしてかにかまの思い出を語るエモい回に！
(2020.1.15)

すでに視聴者のお楽しみとなった、フットサルチーム"FC林"のユニフォームを来て登場した水田さん。中華スープを作る際に、フライパンにはちみつを入れて……。

水田「上(Tシャツ)が赤なんではちみつ持ったらプーさんみたいですけど、違いますからね」
川西「殺したろか！」
水田「ですよね〜、やっぱこの程度のコメントだったら殺されますよね〜(笑)」
川西「お笑いで、殺されることなんてありませんから(笑)」

回鍋肉風おにぎり作りでは、お互いのおにぎりを握りっこする2人。

水田「((川西さん用のおにぎりを握って渡す)川西さんとこに」
川西「うちの子も。ふつつかなおにぎりですが」
水田「確かに」
川西「確かに、かい！」
水田「ありがとうございます、あー上手上手。(コメントを見て)あっ、欲しがってる。ん〜っ、お上手ぅ！」

同時に、中華スープ作りをする2人。具のかにかまを見て、幼少期の思い出を語る2人。

水田「子供んとき好きやったな」
川西「ようできとるよな、かにかまって」
水田「割いてくのも好きやったし、フィルムからニュっと出してぱくつくのも好きやったし」

ほのぼのしながら料理は進みます。

水田「(『ヒルナンデス！』で)今日、吉田兄弟さん、生で見れた。昔、トークライブで使わせてもらってたやん」
川西「オープニングのVでな。かっこいいVにしようって」
水田「感慨深いよね」
川西「和服レンタルでな」
水田「番傘でな。あの演出かっこええな」

実際に、当時の演出を再現する2人。

川西「……全然人気なかったな」
水田「お客さん増えないから『やめてください』言われた

な。あの社員さんまだ覚えてるわ（笑）」
川西「悔しくて、トイレでちょっとだけ泣いたわ、俺」

そうこうしながらも料理が出来上がります。

川西「うわー、これ（中華スープ）想像を超えてきたかも、見た目が」
2人「いただきまーす！」
川西「これはうまいわ。優しさ強いのに、食べ応えあるな」
水田「優しくて食べ応えある……俳優で言うと宅麻伸さんのような。ラー油入れたらどうなるのかな。（ラー油を入れて食べて）優しさの中に厳しさも出てきた。陳建一さんみたいな」
川西「……ややこしいな」
水田「川西くんが握ってくれたやついくか。（ひとくち食べて）うーん！ おいしんじ！」
川西「出ましたー！」

🎥 EPISODE 5
下ネタ満載！ 最後は
"すべり死に" した水田さんでした……
(2020.2.25)

オムレツに入れる菜の花を茹でて、水気を絞る水田さん。

川西「結構ぎゅーっとやっても大丈夫なんや、菜の花強いんや」
水田「先っぽがブロッコリーみたいになってて、水含みやすいやんか。料理が水っぽくなっちゃうから、よく拭いたほうがいいよ。不味くなったり味がぼやけるのは、余分な水」
川西「水に厳しいね。水田ゆーてんのに」
水田「それはいいっこなしやで」

スナップえんどうのヘタ部分を "ちょぼ" と呼ぶ川西さん。

川西「（スナップえんどうの）筋をね。これ "ちょぼ"。ちょぼを折ると……」
水田「ちょぼって言うんですよね、関西は」
川西「なんて言うの？ 関東は」
水田「ちょっと飛び出たとことか、へたとか、先っぽとか……？」
川西「ちょぼに代わるものはないっちゅーことや」

川西さんがスパゲッティの具を炒める間、コメントを読み上げる水田さん。

水田「（コメントで）『エプロンずれてるよ』。むっちゃずれてるやん」
川西「（紐が）長いんかな」

さっそく川西さんのエプロンを直してあげる水田さん。
川西「水田より（紐が）長いよな」
水田「賢志郎の胸の谷間を見せようとしてるんじゃない？」
川西「ほな、インナー脱いできたらよかったわ」
水田「でも乳首毛が見えちゃうからな」
川西「言わんでええやん。きしょ！」
水田「俺は可愛いな思ってるけどな」

いつものかけ合いをやりつつ、視聴者からの『（川西さん）なんでメガネなの？』のコメントをきっかけに、話はますます下ネタに……。

水田「ニットにメガネなんてめっちゃセクシーやん。今日、下履いてないんですよ賢志郎は」
川西「チン●ン出てるってことか」
水田「やめてください、配信してるんだから。放送禁止用語があるかもしれんから」

といいつつも、カメラは下半身へ…。

川西「スナップえんどうかな、思ったら違いました」
水田「普通にやめてください！」
川西「しんなりしてきました。こっち（炒めている具）がね！」
水田「やめてや（笑）！ 困る大人がおんねん。どうするん、それで誰かが飛ばされたら」
川西「あはは（笑）」
水田「あかんで自分（笑）」

わちゃわちゃしながらも茹で上がったスパゲッティのお湯を捨てるときに、湯気で顔の保湿をする美容男子の水田さん。

水田「保湿保湿〜」
川西「からの〜？」
水田「保湿からの〜脱出っ。おい殺す気か！ すべり死にさせる気か！」

cookpadLive
和牛キッチン スタジオ見学

毎回配信が行われていたのは、
cookpadLiveの特設キッチンスタジオ。
スタジオ内の様子から配信の流れ、そして
『和牛キッチン』に欠かせないアイテムをご紹介します

📷 和牛から見た景色

IHコンロ

作業台

シンク

Wagyu Kitchen

📷 **ON AIR** までの準備とその流れ

本番 1時間前

配信時間内に和牛の2人が、料理をして食べるところまでをとにかくスムーズに行えることが大前提。食材や調理器具などを計算して配置！

本番 15分前

スタッフが和牛の2人に本日の段取りの説明をします。長い工程説明でも、2人は毎回一発で飲み込むあたり、さすがです！

特製エプロン

シーズン4から着用の名前入りオリジナルエプロン。デニム生地に紐はレザーと大人っぽいデザインで、2人もお気に入りです。ポケットは、川西さんは関西出身にちなんでヒョウ柄に、水田さんは漫才衣装とおそろいの水玉模様！

昔の
エプロン

GOODS CHECK

特製菜箸

シーズン5のスタートを記念して作られた名前入り菜箸。じつは、天然木を採用した高級品でお値段は普通の菜箸の20倍以上するもの。それなのに、毎回使うのを忘れちゃうんです……(泣)。

まな板&包丁

川西さんが使うまな板に比べて、水田さんのまな板は少し小さめ。切る食材が多いときは、仲良く並んでキッチンに立ちます♡

電子レンジ

"レンチン師範"を登場させまくる、助手水田の相棒。これ1つで1品できてしまうほど、手軽なレシピが数多く登場しました！

ピーラー

シーズン1から登場しているアイテム。川西さんが手にした瞬間にコメント欄は"ピラ西"の嵐。最も有名な和牛キッチン語録♡

ボウルと卵

和牛にとって欠かせないのがこちら！「♪卵を2個パカパカ〜」思わず歌いたくなっちゃいますね♡ ちなみにほぼ毎回、殻入り(笑)。

Other Goods

タブレット

シンクの隣には必ず、タブレットがスタンバイ。コメント欄の質問に答えるための、ファンとの重要なコミュニケーションツールです。

段取りを頭の中で確認しながら、それぞれのエプロンをしてスタンバイする2人。その顔は、真剣そのものです。

ON AIR

本番
5分前

打ち合わせのみの、リハーサルなしで本番へ突入！およそ45分の配信中、調理工程以外は2人のフリートークで盛り上げます。

和牛の今後にトロピ乾杯！

SP

2018年の3月にスタートしてから
シーズン6まで続いたcookpadLiveの『和牛キッチン』。
累計視聴者数38万人にのぼるまでの人気番組になりました！
そこで、川西シェフと助手水田に
これまでを振り返っていただき、思い出をたっぷり語ってもらいます！
インタビューでも終始仲良しの2人のトークをお楽しみください♡

川西シェフ＆助手水田
ECIAL INTERVIEW

SPECIAL
INTERVIEW

元料理人の水田くんが助手で
僕がシェフって斬新やった。(川西)

—— これまでのことを振り返りながら、おふたりに『和牛キッチン』の思い出などいろいろ聞いてみたいです。まず、最初にこの話を聞いた時は、どう思いましたか？

川西　めずらしいと思いました。だって、元料理人の水田くんが助手で僕がシェフって。あえて逆に、っていう今までにない形が斬新やったね。

水田　川西がシェフと聞いて「なんで俺じゃないねん」って、元料理人としてのプライドが許せなかったですね。だから最初の5回ぐらいは、スタジオに行くのがイヤでイヤで……。なんでまた補助からやらなあかんねんって。川西をシェフとして扱わなあかんところに、どうしても抵抗があったわ。

川西　料理の世界に身を置きすぎて、助手のことを補助っていうてまう水田くん。あくまでも"元"なんでね。ふふっ(笑)。

水田　でも、6回目からは急にこれでええかって(笑)。初心に戻るというか、こっちの道もあるかって吹っ切れたというか。川西の料理にかける思いを横で見ていたら、これは助手のしがいがあるかもなって。

川西　俺、お前を丸め込める熱量を放ってた自信はないんやけど。それに1回目からうれしそうに来てたやん。そういえば、今はスタジオが移動したけど、最初は恵比寿のガーデンプレイスの中にあったんよね。初めてガーデンプレイスの中に入れたのも、この番組のおかげやね。毎回タクシーで帰るときは、ああ、東京に来たんやなって感慨深いものがあったわ。

水田　僕はいまでも、用がなくてもガーデンプレイスの前に行くけどね。もう一度ここで料理がやりたい、って。

川西　自分の店持ってたみたいな言い方すな(笑)。ほんで、用ないのに行くなよ！

—— 水田さんはもともとお料理上手ですが、川西さんはだいぶ腕前が上達したのでは？

川西　最初のころは毎週配信してたし、曜日も決まってなかったから、2日後にまたスタジオで料理してるなんていうサイクルが続いていたもんな。包丁の扱いもみじん切りも、だいぶ上手くなってきたんちゃう？

水田　川西くんなんて、会うたびに手にマメを作ってたり、ちょっとした切り傷作ってきたりして、家で相当練習しているんやろうな……と。とにかく努力家なんです。

川西　やめてぇ〜。タダの嘘つきになるからね。何の努力もしてませんよー(笑)。

水田　まあでも本当に、包丁を持つ手さばきがスムーズになったよね。最初のころは、切ることに集中するのか、血管をポコッと出すことに集中するのか迷っていたところがあったけど。

川西　迷ってないわ！

水田　いまはちゃんと両方同時にというか、血管出しながら野菜も切れる。"血管タイム"がスムーズにできるようになりました。

川西　ありがたいことに、"血管タイム"ご好評いただいております。

—— 一方でファンの間では後半、水田さんの"腕毛タイム"が見られなくなって残念だという声も……。

水田　僕はいま"脱毛タイム"なんでね。そもそもはヒゲを脱毛しようと思って、ほんならバラエティー番組で食べるシーンも多いから、手の甲の毛も減らしたいって話になって。どうせなら腕もやった方が不自然じゃないですよ、っていわれてその

MOGU
MOGU
TIME

まま足の先までいって、いまでは全身ほぼツルツル状態です。

川西 前からゆーとったやんな、ヒゲ脱毛したいって。

水田 清潔感大事なんで。

川西 俺からすれば、ツルツルになっていくお前を見てショックやったけどな。短パン姿の足がツルツルで、情けないヤツやな……って。

水田 でも、"腕毛タイム"が気分悪いです、って人もいるんですよ。

川西 それでも観にきてるってことやからな。水田の腕毛イヤなやつはほかのチャンネル行け〜！

川西は天性のアイドル、計算なしで
みんなをキュンとさせちゃう。(水田)

—— 川西シェフと助手水田の関係性も新鮮でおもしろいですが、和牛にとって、お客さんがいないなかで料理しながらトークをするというのは新しい感覚だったのではないでしょうか。

川西 毎回いてはった5〜10人のスタッフさんをお客さんだと思ってやってたから、見てもらっているなかでやっているという感覚はあったな。

水田 僕は、目の前のお肉とか魚、野菜をお客さんと思ってやってました。食材を笑わすつもりでな。普段のライブよりもお客さんが近い状態で。

川西 それ、どうやったら笑ったことになるの？

水田 汗かいて水分出てきたら。

川西 そんなん塩かけといたら、浸透圧で勝手に出てくるんちゃう。あ、この「浸透圧で勝手に出てくるんちゃう」なんて言葉もこの番組やるまでは出てこんかったね。でも確かに漫才とはまったく別もん。俺なんて人前で初めて料理したし。そのへん

慣れているのは、水田くんのほうやね。

水田 テレビで、歌いながら料理をするってネタもあるんやけど、同時にやるのはすごいし難しいし、プレッシャーも大きいのにミスれない状況が多くて。それに比べたら、『和牛キッチン』の緊張感はそこまでやないかな。どっちかといったら、川西くんの仕事を邪魔しないように、やりやすいように、たとえばお皿をぱっと出したりゴミを捨てやすくしたりの方に気を回すことに集中していたんで。

川西 確かにいわれてみたら、水田くんの指がちょっとささくれてたときがあって……。助手としての練習を家でしていたのかもしれないね。

水田 ……してました。

川西 してたんかいっ！　うそつけ！

水田 こうやって、本にでもならん限りいうつもりはなかったけど……してました。

川西 なんや！

—— ファンは2人の楽しいやりとりを毎回楽しみにしていて、ＳＮＳのハッシュタグでもしょっちゅう盛り上がっていました。仲良しの秘訣を教えてください！

川西 女性の方ってやっぱり見るポイントが違いますよね。僕からするとまったくわからないんですけど。狙えないし……(笑)。だって、エプロンずれてて直してくれるって普通のことやない？

水田 川西は天性のアイドルなんちゃう？

川西 狙ってないのにくすぐっちゃうんかな(笑)。

水田 今日のこの撮影のプチトマト持ってる写真も(P.49)、ぼーっとしてただけやのに可愛くなってしまう。計算なしでみんなをキュンとさせちゃうんですよ。

川西シェフ&助手水田
SPECIAL INTERVIEW

ヒートテックが画面に映ったのを見て「あかん!」って(笑)。(川西)

―― とくに思い出に残っている回を教えてください

川西 かまいたちの濱家(隆一)くんが1回、ゲストで遊びに来てくれたな。『和牛キッチン』も何回か観てくれたみたいで。ほんで俺がうっかりヒートテックで出てしまったときに非難を浴びたのを模して、濱(家)くんもヒートテックで来て笑った。

―― ヒートテック回は、ファンにとっても忘れられない、まさに"神回"でしたね(笑)。

川西 あれは、俺としてはよしと思って出たんですよ。それでいつも料理しているとき、俺らの前方に大きな画面があるんやけど、あの日もスタートってなって「『和牛キッチン』川西シェフと助手水田」っていいながらその画面にふわ〜っと俺らの姿が浮かび上がってきたとき、あかんあかん! 肌が透けてるで、ってなって(笑)。

―― わからないと思ったんですか?

川西 ははは(笑)、わからないと思ったんか、って詰められてますけど、犯罪起こしたわけやないからね、俺。ほんの、ロンT感覚でした。

水田 ヒートテックのCM狙ってるんだよね。「ヒートテック、俺は外にも出れる」って(キャッチコピーで)ね。

川西 逆や、ヒートテックに迷惑かけてるやろ。

水田 でもあれで、川西くんセクシーやってなってファン増えたもんな。僕は助手なんでね、シェフのやり方に文句はつけられないんで……。

川西 お前もFC林のユニフォーム着てたやん!

水田 ふふふっ(笑)。僕の思い出は、オムライスの回で、初めて「♪卵を2個パカパカ」やったとき。もともと持ちネタにあったから、卵を割る工程のときに、とっさに2人に降りてきたんやな。あれ、反響も大きかったな。

川西 ほんまやな。

水田 でも最近わかったんやけど、元ネタを知らない人も多いみたい。なんか楽しそうにリズムよく卵割ってらっしゃいますね、って人もいるのよ。

川西 へぇ〜。じゃあその人は、cookpadLiveで俺らのことを知ってくれたんか。

水田 あんまり漫才は知らずにね。それはそれでありがたいですけどね。

2年4か月で料理ができるようになるなんて財産ですよ。(水田)

―― おふたりが彼女に作ってあげたい料理、作ってもらいたい料理はなんですか?

川西 俺はパスタかな。ささっとパスタ料理作ってあげられる男ってかっこいいもん。昔、まだ大阪時代に(アインシュタインの河井)ゆずるの家で朝までベロベロになるまで飲んだとき、小腹減ったなってなったの。そしたらゆずるがキッチンに立って、美味しいオイルパスタ作ってくれたんやけど、むっちゃかっこいいやんって思った。でも水田も、パスタよう作ってくれたな。俺の周りには、さらっとパスタ作れる男多いな。

水田 川西くんは、男にもモテるんでしょうね。川西に"巻きつきたい"って思いから、ついパスタを作ってあげたくなっちゃう。

川西 巻きつけるのは俺やけどな! ほんで彼女に作ってもらいたい料理は、俺は辛いもん好きやから、辛さが効いてる麻婆豆腐かな。

水田 僕が作ってあげたいのはシューマイ。大量の豚肉のミンチを、男らしくこねるところを見せてあげたい。

川西 それやったらハンバーグやろ。

水田 ハンバーグは可愛らしいやん。男はやっぱりシューマイよ。彼女の顔を見ながらよう練りますから、1からずっと見ていてほしい。

川西 わ〜かわいそ。めっちゃめんどくさ!

水田 逆に彼女に作ってもらいたいのは、エビシューマイ。普通のシューマイほどこねなくていいのと、あと僕、女の人が何かを包む姿が好きなの。包装紙で包む姿とかもそうやけど、女性の優しさが現れている気がするし、自分も包み込まれる感覚になって好き。

―― 最後に『和牛キッチン』を応援してくれたファンと、この本の読者にメッセージをください。

川西 俺らがずっと2人で作っていたように、この本を見ながら誰かと一緒に作るのが絶対に楽しいと思うよ。親子でもカップルでも。おしゃべりしながらだらだら作っても、1時間以内には完成する料理ばかりやから、料理苦手な人でも楽しく作れると思う!

水田 1回作っただけやったら覚えないから、1レシピにつき4回は作ってほしいな。

川西 30回分ぐらい載ってんのよ、水田さん。単純計算120回作らなあかん。

水田 週に1回でええよ。それを30種類、4回やって、2年4か月でマスターできるね。

川西 2年4か月って……おい、子供大きくなってんぞ。

水田 でも考えてみて。2年4か月で料理ができる人になれると思うと、財産ですよ。最後は本を見ずに作れるようになったらすごいこと。

川西 いや、ローン感覚や(笑)!

OISHINJI!

川西は天性のアイドルなんちゃう?（水田）
水田の腕毛イヤなやつはほか行け!（川西）

ENDING

川西　さて水田くん、『和牛キッチン 川西シェフ・助手水田』の書籍版も
　　　そろそろ終わりやな。
　　　俺の料理の腕前もだいぶ上達したってことで、
　　　水田くんにもなにか料理を作ってあげられるようになったかな。

水田　なに作ってくれるん？

川西　家のカレー（中辛）。家カレーってどうなってもうまいからな。間違いないわ。

水田　僕が川西くんに作ってあげたいのは、オムライスやな。
　　　卵は1個使わないで半分とかで、
　　　中のご飯が透けるぐらい薄い卵で包むやつな。

川西　懐かしいなぁ！ 水田くんとコンビ結成するかしないかぐらいのときに、
　　　水田くんが働いていた洋食屋さんで食べたやつやわ～。

水田　すごい美味しい洋食屋さんやったな。

川西　というわけでみなさん、この本に載っているレシピを作ったら、
　　　「#和牛キッチン」をつけてSNSにあげてみてね。『和牛キッチン』は以上です。

2人　さよなら！

和牛 【わぎゅう】

2006年12月結成。吉本興業所属。ともにNSC26期出身。2014年『第44回NHK上方漫才コンテスト』優勝。『M-1グランプリ』2016、2017、2018年と史上初の3年連続準優勝の記録を作る。2019年「好きな芸人ランキング」4位に選ばれ、人気も実力も兼ね備えた漫才コンビとして活躍中。単独の冠番組として2018年から『和牛のA4ランクを召し上がれ！』(南海放送)、『和牛のモーモーラジオ』(文化放送)、2020年4月には『和牛の以上、現場からお伝えしました。』(関西テレビ)がスタート。『ヒルナンデス！』(日本テレビ)水曜レギュラーも。

水田信二 【みずた しんじ】

1980年4月15日生まれ・愛媛県伊予市出身・血液型O型
ボケ担当。立ち位置は向かって左。愛媛県の高校卒業後、調理師の専門学校へ進学。調理師免許を取得し、卒業後は大阪の和食店・神戸の有名洋食店で修行した経験を持つ元料理人。2018年8月 愛媛県伊予観光大使（いよかん大使）に就任。
Twitter @wagyunomizuta　　**Instagram** @mizuta_shinji

川西賢志郎 【かわにし けんしろう】

1984年1月29日生まれ・大阪府東大阪市出身・血液型O型
ツッコミ担当。立ち位置は向かって右。大阪府立の高校を卒業し、京都の大学（経済学部）に進学し、のちに中退。中学、高校はラグビー部、大学はラグビーサークルに所属していた。2020年「結婚したい芸人ランキング」第2位に選ばれる。
Twitter @wagyukawanishi

番組スタッフ

中澤晋弥(吉本興業)　　　　　拵敬人(インディ・アソシエイツ)　　　構成・佐藤篤志
伊藤篤史(インディ・アソシエイツ)　初谷俊正(インディ・アソシエイツ)　構成・中島由有伽

cookpadLive 公式レシピ

和牛キッチン

川西シェフ・助手水田

2020年7月3日　初版発行

発行人　藤原寛
編集人　新井治
発行　ヨシモトブックス
〒160-0022　東京都新宿区新宿 5-18-21
TEL03-3209-8291

発売　株式会社ワニブックス
〒150-8482　東京都渋谷区恵比寿 4-4-9　えびす大黒ビル
TEL03-5449-2711

印刷・製本　凸版印刷株式会社

書籍スタッフ

デザイン	稲垣絹子　酒井優(Jupe design)
撮影	柴田フミコ[カバー、帯、p2〜5、章扉、PLAYBACK EPISODE、p94〜100]
	河村正和(セブントゥーファイブ)[レシピページ人物、スタジオ見学]
レシピ監修	CookpadTV 株式会社
フードスタイリング	佐藤絵里、小坂桂
スタイリング	神山トモヒロ
ヘアメイク	山田真歩
編集	馬場麻子(吉本興業)　立原亜矢子
取材・文	若山あや
校正	高向美帆
営業	島津友彦(ワニブックス)
撮影協力	UTUWA、AWABEES

協力　　CookpadTV 株式会社　　山本紗永香(吉本興業)